" en finir avec cette crise, et éviter la prochaine "

de

Jean-Claude Schmitz

First published in October 2012, in english
Première publication française en mai 2013

Version V3; septembre 2015
ISBN-13: 978-1505857252
ISBN-10: 1505857252

Depuis le 15 septembre 2008 au plus tard, notre monde se trouve dans une crise financière dont l'ampleur dépasse tout ce que nous avons pu vivre nous-mêmes. Elle nous a cueillis à froid, et on se demande ce qui a pu se passer.

Au printemps 2013, et vers mi-2015, on ne s'en est toujours pas sorti et, au contraire, beaucoup d'entre nous semblent sombrer de plus en plus dans le marasme.

Il n'y a pas de crise dont on ne pourrait tirer de bons enseignements, celle-ci en appelle à une analyse profonde et fondée, à des propositions pour un avenir plus stable. Voilà donc ce que le lecteur intéressé pourra trouver dans ce livre.

Le livre s'en remet des fois à l'une ou l'autre formule mathématique, le lecteur techniquement moins incliné pourra facilement les négliger et se concentrer sur le texte. Sans perdre le fil.

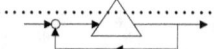

1)   Introduction

Tout comme le faisait Clausewitz au sujet de la guerre et des généraux, je pense que ces dernières années ont montré que le système financier et monétaire est un sujet beaucoup trop sérieux pour l'abandonner aux seules mains des économistes, juristes ou politiciens. Voilà pourquoi, l'auteur pense que les réflexions d'un ingénieur ne sont peut-être pas sans intérêt. Il s'est donc intéressé de plus près à notre système et à ses problèmes, et a élaboré quelques pistes de solutions.

Le système financier et monétaire ne semble pas disposer d'une stabilité ou robustesse inhérentes. L'allocation optimale des ressources, qui est la raison d'être du secteur financier, est loin être atteinte. Par contre l'optimisation des revenus du secteur financier lui-même a fonctionné à merveille.

Il semble même que la « més-allocation » systématique ait été la règle plutôt que l'exception, ce qui nous amène à la question suivante : pourquoi se payer le luxe d'un système tellement médiocre et coûteux.

Ces derniers temps, on pouvait observer que, dans un monde qui croule sous les dettes, le remède souvent proposé consiste à s'endetter encore plus. Le fait que plein de gens influents y voient du sens montre que le système financier et monétaire a un problème de fond, ou représente lui-même un problème.

L'auteur suit l'évolution de l'économie et de la politique depuis les années 70'. Au fil des années, ses principales sources d'informations ont été le "Time-Magazine" américain, la "Neue Zürcher Zeitung " ("NZZ") suisse et l'hebdomadaire " The Economist" anglais.

Ces sources et beaucoup d'autres publications renommées n'ont, aux yeux de l'auteur, pas réussi à offrir une analyse satisfaisante de la crise en cours ; aucune d'entre elles ne l'a vu venir, ni a exploré le fond des problèmes et aucune n'a su proposer des solutions pertinentes.

Les théories et points de vue standards défendus dans les émissions télévisées de par le monde ne permettant pas non plus d'y voir plus clair, l'auteur a décidé d'y jeter un coup d'œil approfondi.

A cette fin, il a consulté un certain nombre de livres et de publications. Les voici, en ordre dispersé:

1)   Debt: the first 5000 years; David Graeber
2)   Wohlstand für alle; Ludwig Erhard
3)   Griechenland - eine €uropäische Tragödie;
                                        Wassilis Aswestopoulos
4)   Wirtschaft wirklich verstehen; Rahim Taghizadegan
5)   Indignez-vous; Stephane Hessel
6)   Der Nebel um das Geld; Bernd Senf
7)   Die blinden Flecken der Oekonomie; Bernd Senf
8)   The Creature from Jekyll Island; Edward G. Griffin
9)   The Power of Gold; Peter L Bernstein
10)   The debt-deflation theory of Great Depressions; Irving Fisher

en outre :

11) les lectures vidéo du Prof. Bernd Senf sur Youtube se sont avérées très utiles

12) le mensuel français " Alternatives Économiques" s'est confirmé comme complément rafraîchissant des lectures standard

13) Grand Merci à Wikipedia pour la quantité illimitée d'informations que cette plateforme nous offre sans frais

14) les sites Web de la Banque Centrale Européenne (BCE) et de Eurostat qui ont fourni la majorité des chiffres repris dans ce livre

Sur la base de ces informations, l'auteur a mené ses propres réflexions, élaboré sa propre synthèse ainsi que les propositions qu'il expose au lecteur dans ce document.
Il est prêt à en discuter le contenu avec toute personne intéressée et de le mettre à jour sur la base d'informations et de réflexions nouvelles et pertinentes.

Beaucoup de ces points soulevés se retrouvent éparpillés dans d'autres textes, mais non pas sous forme d'un ensemble cohérent comme celui-ci.

En outre, l'occasion a été prise de traiter quelques sujets qui nous touchent au quotidien.

L'auteur, citoyen luxembourgeois, vit au Luxembourg, au cœur de l'Europe et de la zone Euro (ci-après appelée EuroZone), il n'est donc pas étonnant que la plupart des chiffres mentionnés concernent l'Europe d'aujourd'hui et l'Euro, mais les réflexions resteront valables pour d'autres zones économiques et d'autres temps.

L'auteur sera heureux de lire vos commentaires et réflexions sur son adresse E-mail : jcswork@pt.lu

2)   *Définitions*

1×10^3 =   1 000 = Euro = 1 Kilo Euro = 1 KE
(thousand en anglais; mille en français); Tausend en allemand)

1×10^6 =   1 000 000 = Euro = 1 Million Euro = 1 ME
(Million,dans toutes ces langues)

1×10^9 =   1 000 000 000 = Euro = 1 Billion Euro = 1 BE
(milliard en français; Milliarde en allemand)

1×10^{12} = 1 000 000 000 000 = Euro = 1 Trillion Euro = 1 TE
(billion en français; Billion en allemand …)

3)   *La situation financière de l'EuroZone, à fin 2009*

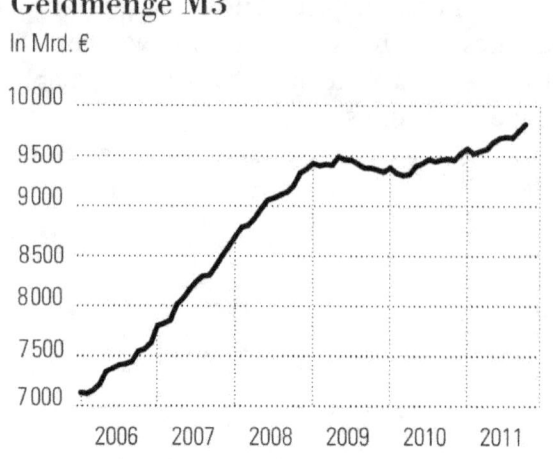

Geldmenge M3

In Mrd. €

graphique NZZ
au sujet de la masse
monétaire M3;

05-Nov-11

NZZ-INFOGRAFIK/cke.

pour l'EuroZone, les chiffres à fin 2009, sont les suivants :

sources: NZZ du 5 novembre 2011; site Web Eurostat

-       quantité monétaire M3   ~ 9,50 TE
-       produit social brut GDP   ~ 8,97 TE
-       total des dettes publiques   ~ 7,06 TE
-       total des revenus publics   ~ 3,64 TE
-       total des dépenses publiques   ~ 4,20 TE
-       déficit publique total   ~ 0,56 TE

Si l'on considère que l'argent circule en moyenne une fois par mois, tout comme notre salaire,

<u>alors</u> la circulation monétaire ou le GDP par mois est

~ 0,75 TE (= 8,97 / 12)   ou
~ 7,9 %   (= 0,75 / 9,5) de M3

S'il n'y a que 7,9 % de l'argent (M3) qui daignent circuler,
question subsidiaire (I): où est donc passé le reste de M3 ?

Il est donc intéressant de noter que

- à n'importe quel moment, seulement 7,9 % de la masse monétaire circulent pour créer travail et emplois

- la dette publique pointe à $\sim$ **79 %** du GDP   (= 7,06 / 8,97)

- la dette publique représente $\sim$ **1,9** x les revenus publics
                                                (= 7,06 / 3,64)

- la dette publique correspond à $\sim$ **74 %** de M3   (= 7,06 / 9,5)

Il semble que la plus grande partie de M3 se reflète dans la dette publique. Voir les commentaires un peu plus loin.

Note 1: la définition de M3 dans l'EuroZone étant un sujet à part, nous partons ici de l'hypothèse que M3 représente la masse monétaire existante quelle que soit la façon dont elle ait été créée

Note 2: on constate que la courbe M3 s'aplatit après le début de la crise

Note 3: des data actualisés sont disponibles à tout moment, mais ne remettent pas en cause les conclusions.

4)   La création de l'argent et de la dette

On dit souvent que " l'argent reigne sur le monde", alors voici quelques questions impertinentes de plus:
-        Qui reigne sur l'argent ?
-        Comment l'argent est-il régi ?
A-t-on jamais mené un débat ou organisé un vote sur **ce** sujet ?

Ensuite :
-        qui détient l'argent ?
-        qui reste sur les dettes ?
-        qui sont les créanciers de ces dettes ?

Jetons un coup d'œil sur la nature de l'argent et le processus de sa création.

Tout montant que la Banque Centrale (prête) donne aux banques commerciales crée une dette d'un montant équivalent vis-à-vis de la Banque Centrale.

Les banques commerciales prêtent à leur tour de l'argent (souvent virtuel) aux personnes privées, aux sociétés, aux états et leur refilent pour autant de dettes.
Ce système n'est freiné que par
- le rapport entre l'argent ainsi prêté et l'argent que les banques tiennent de la Banque Centrale et des clients dépositaires
- la volonté des uns et des autres d'emprunter plus d'argent et, de ce fait, de s'endetter encore plus.

En bref, il n'existe pratiquement pas d'argent sans le montant équivalent de dette.
Définition: à partir de ce moment, on va appeler argent-dette le couple argent/dette que la Banque Centrale ou les banques commerciales créent de façon simultanée.
Vu que les intérêts se rajoutent à toutes ces dettes et que les dettes doivent ainsi être payées par l'argent provenant d'autres dettes, la masse de la dette s'accroît plus vite que la masse d'argent.

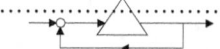

Pour payer tout cela, sans réduire la masse monétaire M3, il importe de créer toujours plus d'argent-dette. Avec la dette qui croît toujours plus vite que l'argent.

On va introduire quelques concepts:

D   : dette   (Debt)
DP   : vitesse de changement de la dette (dérivée mathématique de D)
D3   : montant total des dettes   (analogue à M3)
D3P : vitesse de changement de D3   (dérivée mathématique de D3)
M3P: vitesse de changement de M3 (dérivée mathématique de M3)

Alors nous obtenons:
D3 > M3   et
D3P > M3P
En période de croissance, quand les deux dérivées sont positives, la dette croît plus vite que la masse monétaire;
En temps d'austérité, quand tout le monde veut réduire ses dettes :
M3P est certainement négatif car la masse monétaire décroît.
D3P est un peu moins négatif à cause des intérêts qui la tirent vers le haut; les dettes se réduisant alors moins vite que l'argent

Pas étonnant que le monde croule sous les dettes.
En bref, même si tout le monde voulait rembourser ses dettes, on n'y arriverait pas car, à cause des intérêts qui les ont augmentées au fil du temps, on manquerait d'argent bien avant.

D3 > M3

Si on considère :

- qu'il faut une certaine quantité d'argent pour orienter les ressources, pour faciliter les échanges, pour soutenir une demande continue pour travail et salaires

=> il est très étonnant de constater que l'on ne peut tenir dans sa main un billet de 100 Euro que si quelqu'un d'autre s'est encombré d'une dette équivalente sur laquelle il paie des intérêts.

Si on considère que

 - l'argent pourrait se refléter dans des biens ou des investissements, et vice-versa
(ce point mérite plus ample débat, vu qu'en ces temps-ci les biens et propriétés ne servent dans ce contexte qu'en tant que garanties collatérales)

=> il est de nouveau très étonnant de constater que l'argent n'est reflété que par la dette

Si on considère que
- l'argent sert aussi au stockage de pouvoir d'achat pour le futur

=> il est étonnant d'apprendre que :
 les économies des uns sont les dettes des autres

 tout capital qu'une société s'apprête à investir correspond à une dette de même ampleur qui se cache quelque part

et toutes ces dettes augmentent de façon continue suite aux intérêts.

Partant de ce point de vue, il n'existe pas de capital net, mais, à cause des intérêts, il n'y a qu'une dette nette.
Nous sommes donc sous-capitalisés de façon dramatique, ou, encore pire, en tant que société nous ne sommes pas capitalisés du tout!!

Et cela dans un système qui se dit capitaliste!

5) *Le devenir de la dette*

Les flux de l'argent ne font guère l'objet d'études ces temps-ci, mais les flux des dettes encore moins.

Si j'emprunte 10 000 E (10KE) auprès de ma banque, je reçois en même temps (un peu moins que) les 10KE en argent liquide et 10KE de dette. La banque a créé un nouveau couple argent-dette de 10 KE, et ce faisant augmenté la masse monétaire M3 d'autant, tout comme la masse des dettes D3.

On peut s'attendre à ce que je dépense l'argent assez rapidement, qu'il entame ainsi son parcours à travers l'économie.

La dette va me rester sur le dos pendant un bon bout de temps, les intérêts de même. Au fur et à mesure que je rembourse le capital, l'argent disparaît en même temps que la dette. Les intérêts représentent le revenu de la banque.

Si je ne veux pas rembourser le capital, et ne payer que les intérêts, cela va plaire à la banque aussi longtemps qu'elle pense que je suis en mesure de continuer les paiements et aussi longtemps que la banque peut se permettre de reconduire le contrat quand il arrive à son terme. Je peux même augmenter mes dettes et payer plus d'intérêts.

L'argent est dépensé, la dette me colle au dos, et je dois constamment m'efforcer de trouver l'argent pour les intérêts, de garder la confiance du banquier, tout en espérant qu'il ne va pas avoir pas de problème à rallonger le contrat à son terme, et qu'il n'ait pas de problème lui-même en ce moment-là. Au cas où je devrais rembourser le tout à la fin du contrat, cela pourrait facilement dépasser ma liquidité, je devrais vite vendre de la propriété, ou je serais en faillite.

Il en va de même pour les états souverains.

Lors de ma demande de crédit, j'ai bien dû donner quelques garanties pour mettre à l'aise le banquier. Après, je dois espérer que la valeur de mes garanties ne baisse pas au fil du temps ou, du moins, espérer que le banquier ne s'en rende pas compte ou alors que cela lui semble peu important.

S'il le remarque quand même, il va exiger des garanties nouvelles et supplémentaires, du jour au lendemain. Cela peut facilement me mettre en faillite.

Si c'est ma maison qui représente la garantie et si sa valeur tombe de façon significative, je suis en difficulté non pas à cause des mensualités, mais parce que je ne peux pas offrir grand-chose de plus en tant que garantie. La banque pourra m'expulser de ma maison et la vendre. (C'est une expérience que bon nombre de citoyens américains ont dû faire ces dernières années.)

Dans sa chanson " **Pretty Boy Floyd the Outlaw**" le troubadour américain **Woody Guthrie** a vu ces choses de la façon suivante :

Yes, as through this world I've wandered

Oui je me suis baladé un peu partout

I've seen lots of funny men;

Et j'ai vu beaucoup de gens étranges

Some will rob you with a six-gun,

Y en a qui te volent au révolver

And some with a fountain pen.

Y en a qui te volent au stylo

And as through your life you travel,

Et comme tu suis ton chemin

Yes, as through your life you roam,

Oui et comme tu suis ta voie

You won't ever see an outlaw

Tu ne verras jamais un hors-la-loi

Drive a family from their home.

Chasser une famille de son chez-soi

Beaucoup d'états se sont prêtés de l'argent sans fin, l'ont dépensé et amassé des dettes. La tendance des gouvernements à dépenser de l'argent était à chaque fois plus grande que leur courage de faire payer des impôts par leurs citoyens. Et ceci année après année, avec des excuses diverses et variées.

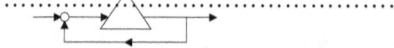

En Europe on s'est aidé par la règle du collatéral, qui disait que les obligations émises par les états membres constituent des garanties de premier niveau. Ainsi une banque a pu acheter des obligations publiques avec l'argent virtuel qu'elle a créé elle-même, ensuite elle a pu déposer les obligations ainsi achetées auprès de la Banque Centrale (BCE) en tant que garantie pour obtenir des liquidités de cette même BCE, ce qui lui permettait dans une prochaine étape d'en prêter un multiple au secteur privé. Superbe!

Les gouvernements ont donc alimenté l'économie avec plus d'argent qu'il aurait dû y avoir, avec l'espoir de créer de cette façon plus de croissance, et plus de revenus fiscaux, qui pourraient alors financer le prochain cycle.

On ne saura jamais si ça aurait pu marcher (études à approfondir), le fait est que cela n'a décidément pas marché.

Les gouvernements ont toujours dépensé plus d'argent qu'ils n'en ont eu, la croissance espérée n'a guère eu lieu et on n'a pas vu les revenus fiscaux s'envoler non plus.

Pas étonnant que les gouvernements et les états se soient mis sur le dos tant de dettes.

Sortir de l'endettement est pour les états tout aussi compliqué que pour un particulier. Dans le cas du désendettement public, viennent s'y greffer des effets néfastes sur l'économie en général.

L'argent du remboursement de la dette provient de l'économie réelle, de nos salaires et revenus.

On aura donc moins d'argent à dépenser, ce qui diminue la demande pour le travail, la somme des salaires baisse, il y a encore moins d'argent à dépenser, etc. Il suffit de voir ce qui se passe en Grèce et en Espagne.

Si l'argent est remboursé à des créditeurs privés, il ne cessera pas d'exister, mais pourra quand même se retirer de l'économie réelle, vers le nuage financier.

Afin de rassembler cet argent, l'économie réelle doit d'abord refiler la dette à autrui, dette qui fait alors le tour comme une patate chaude.

Si la dette est remboursée auprès d'une banque centrale ou commerciale, il s'ensuit que:
- l'argent dont l'économie réelle a besoin est détruit
- l'argent ne se retrouve même plus dans la poche de quelqu'un d'autre qui, du moins, pourrait encore le dépenser et ainsi créer de l'emploi

l'argent n'existe plus !!!

Dès que les gouvernements se retrouvent sur la pente glissante des déficits
- personne ne veut rembourser tant qu'il est encore temps
- personne ne peut rembourser quand c'est trop tard

Le système financier est alors perdu, il s'écroule sous ses dettes.
Ce que l'on peut observer ces jours-ci.
Dans l'effort de maintenir en vie le système malgré ses problèmes inhérents, les économistes se divisent en deux camps:

- les uns veulent gratter dans l'économie réelle pour payer les dettes, ce faisant ils étranglent une fois pour toutes la capacité de l'économie réelle de payer quoi que ce soit (voir l'exemple grec)

- les autres veulent faire encore plus de dettes pour sauver l'économie réelle (voir l'exemple américain)

Loin d'être une proposition gagnante-gagnante (win-win), l'économie telle que nous la faisons marcher aujourd'hui est, au mieux, un jeu à résultat nul, et plus probablement un jeu à résultat négatif, à cause des intérêts. La création de toujours plus de dettes est le seul moyen pour le système économique actuel de se maintenir. Cela contredit tout ce que j'ai pu apprendre au sujet de l'économie en tant que jeu win-win à résultat positif, tout ce que j'ai pu lire dans les magazines et journaux les plus renommés de ce monde, dans 6 langues différentes.

Maintenant nous savons où sont passées les dettes, pourquoi elles y restent et pourquoi elles vont continuer à y augmenter.

6) *Le devenir des titres de créances*

Autre question: A qui est due la dette ?
Qui sont les créanciers ? Sont-ils les mêmes qu'à l'origine?
Sinon, ont-ils payé le même prix que les premiers?

Autre proposition:
Si ce n'est plus le créancier d'origine qui détient la dette, mais quelqu'un qui a payé 20 % de moins par exemple (après avoir discompté pour maturité et intérêts), la dette devrait être réduite de la moitié des différences de valeur.

Pour faciliter la compréhension, imaginons:

- 100 Euro de dette, sans intérêts

- le titre de créance est vendu, quelques années plus tard,
    20% en-dessous de sa valeur originale, donc pour 80 Euro

- la dette à rembourser sera alors réduite à 90 Euro et ne restera pas figée sur les 100

Cela devrait aussi aider le débiteur.

Ce sera un peu plus compliqué si on considère les intérêts, mais laissons cela à une publication ultérieure.

7)   Le devenir de l'argent

Encore quelques chiffres tirés des mêmes sources déjà indiquées dans le chapitre 3:   (Δ = delta = différence)

Δ M3 /an   0,70 TE

$\underline{\Delta \text{ GDP/an}\quad - 0,18 \text{ TE}}$ (~2% de croissance ; ou 25,7 % de Δ M3)

perte /an =   0,52 TE

La perte par an est ce que le cycle de l'argent perd chaque année, tandis que la dette publique augmente au rythme de

Δ dette / an :   0,645 TE

En s'efforçant de soutenir l'économie réelle, le système rajoute 0,7 TE d'argent-dette, mais la déperdition de cette économie réelle est d'une telle ampleur (0,52 TE) que seulement (0,70 - 0,52 =) 0,18 TE circulent dans le réel.

Et cette masse monétaire rajoutée ne boucle le tour qu'une seule fois et non pas les 12 fois que l'on aurait si elle circulait une fois par mois.

Ainsi l'argent se dirige là où il veut, mais la dette doit être supportée par le secteur public, par une population qui voit seulement un quart du surplus d'argent passer une seule fois, avant qu'il ne disparaisse vers d'autres cieux ou, plutôt, vers les nuages financiers.
(0,654 / 0,70 = 0,937) => 93,7 % de cet argent constitue le fardeau de la dette que nous devons supporter.

On peut dire que nous perdons de l'argent avec une vitesse telle que la grande quantité d'argent-dette créée arrive à peine à colmater ces brèches, mais sa partie dette s'accumule chez nous 10 sur 10.

Personnellement et comme beaucoup d'autres, je paie régulièrement mes impôts de façon correcte et je dépense le reste de mon salaire au fur et à mesure.

Si, par contre, je me mets à économiser 10 % de mon revenu, et que tout le monde fait pareil, on va économiser 10% du produit social brut, quelque 0,9 TE / an. En répétant l'exercice au fil des ans, on aura crée une montagne d'argent économisé et une autre montagne encore plus grande de dettes que nous, contribuables, devrons considérer comme la nôtre.

Plus grande sera ma richesse, plus grandes seront les économies que je serai en mesure de faire, aux dépens de l'économie réelle.

La seule façon de revoir l'argent dans le cycle c'est de le voir transformé en dette pour quelqu'un d'autre, par le biais de ma banque qui le prête en partie ou en total, ou 10 fois son montant…

Tout va bien aussi longtemps que les débiteurs vont bien. Dès que plusieurs d'entre eux rencontrent des difficultés, tout le monde en a : les banques, les états, etc.

Pour trouver certains des coupables, il suffit donc de jeter un coup d'œil dans le miroir, de temps à autre.

Tandis que certains d'entre nous savent ainsi accumuler l'argent, les dettes correspondantes sont accumulées sur le dos de nous tous.

Si les économies sont encouragées par le système fiscal, comme le sont tous les systèmes de pension, cette tendance s'accentue encore.

Les systèmes de pensions à capital sont plutôt contreproductifs, ils réduisent le volume de l'argent disponible pour créer et maintenir du travail et des emplois. Il faut aussi mentionner que, dans un tel système de pension, on perd le droit de dépenser l'argent comment et quand on veut.

La génération baby-boomer de l'après-guerre s'est ainsi privée elle-même du plein emploi, ses enfants devront assumer leur propre génération, et en même temps celle de leurs parents, avec leurs dettes.

Baby-boomer moi-même, je pourrais dire " après nous le déluge ", mais ce ne serait guère la bonne approche et ceci non seulement pour des raisons morales. Nous serons toujours là, et nous pourrons apprécier les conséquences de nos décisions d'antan et ceci d'autant plus que nous ne pourrons plus rien y changer.

On sera encore forcé de regarder nos enfants se débattre avec le gâchis que nous sommes en train de leur laisser.

8)   *Et tout ça au bénéfice de qui ?*

Cela ne va pas aider la prochaine génération. Elle sera forcée de porter le fardeau de nous-mêmes et de nos dettes, simultanément.

La génération baby-boom n'en profite pas non plus, elle a mis au chômage une bonne partie des siens et de ses enfants. On peut aussi dire que nous nous sommes fait avoir par ceux qui nous assuraient que c'était quand même dans notre intérêt.

Cela ne va pas profiter à l'état, qui reste sur ses dettes à payer.

Mais cela a servi
 - aux systèmes politiques, qui se sont fait réélire grâce aux impôts modérés et aux dépenses élevées
 - à l'industrie financière, qui a récupéré tout cet argent pour jouer avec et qui profite du seul système de transaction non taxé au monde

Il est intéressant de voir que la Finance ne laisse pas passer une occasion de nous recommander l'abandon des systèmes de pension par répartition simultanée, et de nous dire qu'il faut économiser l'argent pour le leur confier (système basé sur le capital). Cela a pour l'industrie financière l'avantage de pouvoir travailler ou spéculer avec tout cet argent. Et à la politique de soutenir tout cela à force d'abattements fiscaux.

Le fait est que la discussion publique dans ce domaine a été détournée par les « éviteurs » d'impôts, et par l'industrie qui prétend les servir.

L'industrie financière veut augmenter ses parts du marché des pensions en jouant l'obstruction sur le système simultané par répartition, système qui a pourtant fait ses preuves et qui a su servir ses peuples à travers toutes les crises et les guerres, mais qui ne contribue pas au bien-être de la Finance.

La Riester-Rente en Allemagne est un bon exemple pour cette détermination à augmenter la part capitalisation du secteur des pensions et retraites, tout en réduisant la part de la répartition simultanée.

9)   *L'économie réelle et l'économie du nuage*

Notre système économique semble s'être scindé en deux parties bien distinctes:

- l'économie réelle dans laquelle on échange l'argent contre des produits et services réels (donc pour du vrai travail), et où ces transactions sont taxées

- l'économie du nuage financier qui, grâce aux belles marges et aux beaux intérêts,

      - soutire de façon continue les ressources au secteur réel
      - tient ces ressources alors bien à l'écart du secteur réel

et les
      - fait tourner dans le nuage financier sans même se faire taxer

Pour compenser cette hémorragie absorbée par le nuage financier, les gouvernements se croient obligés d'emprunter beaucoup d'argent, et notamment auprès de ce même nuage financier.
L'impact de cet argent sur l'économie réelle est assez réduit, car l'argent ne reste pas longtemps sur terre et retourne rapidement sur le même nuage.

Tant que les dettes sont plus ou moins supportables, les citoyens et le monde financier jouent le jeu et les politiciens se font réélire.
Maintenant que nuage financier et population se rendent compte de ce que le public est coincé, qu'il a accumulé plus de dettes qu'il ne pourra jamais rembourser, les solutions ne sont pas évidentes.

10) Maastricht: pacte de stabilité et de croissance de l'EuroZone

Il semble qu'à Maastricht, les Hommes (et Femmes) d'État aient délibérément mis en place un système intenable, se fiant à la bonne volonté générale vis-à-vis du projet européen pour le faire accepter par la population européenne.

Au lieu d'exiger des budgets équilibrés, ils ont permis des déficits jusqu'à 3 % du PNB et 60 % du PNB de dettes en tout, donc chaque fois comparé au Produit National Brut (PNB, GDP)

Entre-temps, je me suis mis à penser que l'aspect croissance du pacte était censé venir de l'endettement public, avec l'espoir que la croissance de l'année à venir serait assez forte pour que le nouveau niveau de dettes ne poserait pas de problème comparé au nouveau PNB.

Il est difficile de comprendre pourquoi ils ont pris le PNB comme au dénominateur, je suppose que l'on a choisi le plus grand chiffre pour que déficits et dettes aient l'air plus acceptables.

On aurait mieux fait de prendre le niveau des revenus publics ou, du moins, celui du budget de l'année précédente.

Si le secteur public fait 40 % de l'économie d'un pays, le PNB est 2,5 x plus grand que les dépenses publiques, dans ce cas les 3 % du PNB que l'on s'autorise comme déficit font 3 x 2,5 = 7,5 % des dépenses publiques. Une dette de 60 % du PNB signifie 60 x 2,5 = 150 % des budgets publics. A noter qu'il faudrait aller en réalité plus loin et prendre les recettes de l'état comme dénominateur, cela nous permettrait d'apprécier alors pleinement la gravité de la situation.

Imaginez-vous dépenser chaque année 7,5 % de plus que vous ne gagnez et vous fier à l'augmentation de fin d'année pour en prendre soin. Et si maintenant l'augmentation n'a pas lieu ou pire, si la société va mal et vous êtes licencié !

Voilà ce qui se passe pendant une récession : le PNB recule, le dénominateur se réduit, les recettes fiscales reculent encore plus, les nominateurs (déficit et dette) s'agrandissent, et le quotient dette/PNB augmente encore plus vite. Veut-on maîtriser la situation en augmentant les prélèvements sur la partie de l'économie qui marche encore bien, on se condamne aussi à la récession, ce qui diminue encore plus les recettes et le cercle vicieux est parfait.

Si, du moins, on pouvait s'accorder à garder les dépenses constantes sur plusieurs années, afin de permettre à l'économie et aux recettes de se rétablir, aux dettes de se faire rembourser. Cela éviterait déjà le cercle vicieux et l'état servirait de tampon au milieu de ce système dynamique. Seules les prestations de chômage auraient le droit d'augmenter.

Les augmentations de taxes (s'il en faut) ne doivent toucher que le nuage financier et ses tributaires, mais non l'économie réelle où l'argent circule encore, où il maintient et crée travail et emplois.

L'argent supplémentaire que le pacte de croissance a permis d'introduire selon des critères politiques dans l'économie a apporté peu de croissance, mais pas mal de dettes en plus.

Tout cela a bien fonctionné jusqu'au moment où même les moins doués ont remarqué que cela ne pouvait pas continuer. Et maintenant il est trop tard, pour nous tous.

Maastricht et les paragraphes rajoutés ultérieurement ont prévu des sanctions pour déficits et dettes dépassant les limites, mais ces sanctions seraient financières, et ne pourraient qu'empirer une situation déjà compromise. Ce concept de pénalité est une illusion et ne pourra en réalité jamais être appliqué.

Le niveau de discipline que nous avions le droit d'espérer au sein de l'EuroZone ne s'est pas confirmé. Ceux qui insistaient le plus sur l'aspect stabilité du pacte, les Allemands, étaient les premiers à le briser quelques années plus tard. Les Français les ont suivi de près. Les autres états ont observé, tiré leurs conclusions et agi en conséquence.

11)   *Les Banques Centrales*

Il y a un point qui me tracasse:

Une bonne partie des obligations d'état sont mises aux enchères publiques par le Ministère du Trésor (ou des Finances), et adjugées à celui qui exige le taux d'intérêts le plus bas.

Certaines vont être achetées par des particuliers, ou des institutions privées, d'autres par des banques commerciales et, dépendant de la zone économique, des fois aussi par la Banque Centrale.

En Grande-Bretagne, la Banque Centrale s'appelle Bank of England; il est intéressant de noter que tout le système monétaire y est basé sur des obligations publiques dues à la Banque Centrale.

Voici une version simplifiée du processus classique en Angleterre, en trois actes:

La **"Bank of England "** (BoE)
achète des obligations d'état pour le montant "X", paie "X" livres sterling au trésor et exige des intérêts

sur base de cette dette publique,
la BoE **crée** des titres de dette publique, pour le même montant "X".
Ceux-ci représentent l'argent, les livres sterling, et peuvent être prêtés sous forme d'argent papier ou d'argent virtuel aux banques commerciales, contre intérêts, et être déclarées par celles-là comme "réserves".

Sur base de ces "réserves" et avec le mandat de tenir au moins "y" % de réserves, par exemple 5 % ou 10 % des montants prêtés aux clients,
la **BoE** permet aux banques commerciales
de prêter à leurs clients **10 ou 20 fois** plus d'argent que les "X" du début, et donc de **créer cet argent en tant que nouvel argent**
(10 = 1/10 % ;   20 = 1/5 %)
et évidemment de **créer** en même temps **autant** de **dettes nouvelles**.

Ce processus permet une augmentation rapide d'argent-dette dans l'économie, mais présuppose que la Grande-Bretagne s'endette toujours plus, et que les personnes et les sociétés privées veuillent eux aussi s'endetter toujours plus.
Dans ces conditions, il vaut mieux que l'état ne rembourse pas ses dettes vis-à-vis de la banque centrale parce que, pour chaque livre remboursée, les banques commerciales devraient retirer 10 ou 20 livres du circuit de l'économie réelle pour rééquilibrer les réserves au sein de leur livre de prêt.
En plus, il y a la part des obligations publiques que des personnes ou institutions privées, nationales ou étrangères, ont pu acheter.
Celles-là ont été payées par de l'argent déjà existant, généré lors d'une boucle précédente.
Ensuite il y a encore la part achetée directement par les banques commerciales.

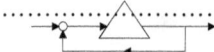

Ces titres peuvent de nouveau être considérés comme base de réserve permettant un nouveau cycle de création d'argent-dette, comme décrit plus haut.

Tout va bien tant que tout va bien. Le sens de "bien" dans ce contexte veut dire que la dette publique augmente ainsi que la création de nouvel argent par la Banque d'Angleterre et l'achat d'obligations d'état par les banques commerciales. Les prêts aux débiteurs privés montent encore plus vite, les intérêts peuvent être payés parce que tout le monde va mieux tout le temps, de même que l'économie entière.

Aussi longtemps que le soleil brille, personne ne se plaint de ce que tout le monde s'enfonce toujours plus dans les dettes et doive payer tribut sous forme d'intérêts, à ne pas confondre avec les taxes et les impôts.

Les choses deviennent plus passionnantes dès que l'ambiance se détériore, dès que l'économie se met à trébucher, que les premiers débiteurs n'arrivent plus à payer les intérêts dans les délais, que les premières dettes font défaut, que les personnes et sociétés privées se rendent compte que leurs investissements ne sont pas rentables, que les citoyens un peu justes ne supportent plus le poids de leurs prêts à la consommation. Dès que le secteur privé n'a plus envie de s'endetter encore plus, mais plutôt de se désendetter.

Il s'en suit, et ceci à cause de l'exigence des réserves minimales, que chaque remboursement des dettes publiques va causer une réduction beaucoup plus rapide de la masse monétaire et de sa circulation, ce qui mène droit à la récession et à la dépression. Rien que pour cette raison, la Grande-Bretagne ne pourra jamais sortir de sa situation débitrice, même si les citoyens et le gouvernement le voulaient. Les USA sont dans le même cas, pour les mêmes raisons.

Ce que l'on peut alors espérer de mieux, c'est la stabilisation des dettes à un niveau quelconque.

Ces dettes publiques pèsent sur tous les citoyens et contribuables, les intérêts sont payés par tout le monde. Mais les bénéfices ne sont répartis que de façon très inégale et ne reviennent qu'à ceux qui détiennent les obligations d'état. Il y en a qui sont détenues par la Banque Centrale ; dans cette configuration, on peut dire qu'elle nous représente tous, donc c'est bon.

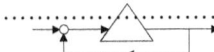

Mais il y en a beaucoup d'autres qui sont tenues par des acteurs privés: citoyens, institutions, banques, nationaux ou étrangers. Et tous ceux-là vont profiter des intérêts, aussi longtemps que l'état peut se permettre de les payer avec nos taxes et impôts ou avec l'inflation que nous devrons alors tolérer.

Les économies déposées auprès de notre banque locale servent aussi comme base à la multiplication magique de l'argent selon le principe des réserves minimales. Si beaucoup d'entre nous retirent notre argent de nos comptes et de nos dépôts, la banque va peut-être se retrouver devant le défi de devoir réunir l'argent nécessaire au plus vite mais, après, la véritable contrainte sera constituée par la réserve minimale à assurer, il faudra vite:

a) augmenter les réserves, et / ou
b) réduire la somme des crédits

Que verra-t-on ?

a) si les actionnaires de la banque ne mettent pas la main à la poche ou si la Banque Centrale ne veut plus donner accorder de crédits, la banque risque de devoir fermer ses portes

b) nul crédit à qui que ce soit, réduction des crédits existants et, en même temps, destruction de l'argent et réduction de sa circulation.

Si un tel scénario se répète simultanément dans des endroits différents, on est parti pour
        la crise, la récession, la dépression, la misère. La guerre ?

En voilà pour la stabilité de notre système financier.

Aujourd'hui, je me demande si la dette publique de l'EuroZone ne sert pas déjà à l'augmentation magique et délibérée de la masse monétaire, tout comme au Royaume-Uni et aux USA.
L'EuroZone a permis à ses banques de considérer les obligations d'état de sa zone comme réserves, servant de base aux prêts selon le principe des réserves minimales et fractionnelles.

Je n'ai rien pu lire à ce sujet dans la constitution européenne que le Luxembourg et la France (parmi d'autres) ont pu approuver (ou non) lors des référendums de 2004 et 2005.

Pourrions-nous avoir une discussion large et approfondie sur la façon dont notre argent est gouverné et devrait être gouverné, et traiter ce point particulier.

Tout allait bien tant que tout allait bien, mais cela s'est vite terminé en débâcle lorsque la crise financière mettait à jour la qualité médiocre des crédits et des investissements (privés et publics) dans beaucoup de pays. Tout à coup, bon nombre de créditeurs ont réalisé que certains pays ne pouvaient plus payer leurs intérêts, les créditeurs ne voulaient alors plus renouveler les prêts. C'était le début de la crise des dettes souveraines.

12) *Maastricht amélioré : propositions I*

Le pacte de stabilité et de croissance ainsi que et les critères de Maastricht doivent être changés comme suit:

- déficits et dettes à exprimer en fonction des revenus de l'année précédente

- maintenir le nouveau budget au niveau de l'ancien

- si les recettes fiscales augmentent, rembourser les dettes

- quand les dettes seront remboursées, et que les revenus augmentent toujours, augmenter le budget de l'année suivante dans la même proportion

- l'argent qui facilite la croissance doit venir de la Banque Centrale, réparti de façon égale parmi les citoyens, en tant que argent solide, argent-sans-dette (Money-no-Debt; MND)

- des différences non soutenables de balance de paiements sont à traiter par le biais des cours de change

- les états doivent se financer par les taxes et les impôts, et non pas par des dettes

- à chacun, à chaque société, à chaque transaction financière de payer des impôts

- veiller à ce que "assez" d'argent reste en circulation dans l'économie réelle

- des objectifs ou valeurs limites doivent être définies pour la taille du nuage de nos épargnes (savings), avec des règles adéquates

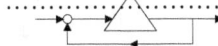

ensuite

- veiller à ce que l'argent-sans-dette (MND) frais puisse compenser les pertes de nos économies vers le nuage financier.

Ce dernier point va à terme réduire et presque éliminer le poids des intérêts sur notre économie.

13)   L'économie de marché

On aime tous aller au marché pour y acheter les meilleurs légumes au plus bas prix et nous nous réjouissons du fait que les vendeurs se livrent une dure concurrence sur les coûts et les marges.

A notre travail, on apprécie déjà nettement moins le nouveau concurrent qui nous casse les prix avec des produits et services tout aussi bons.

Cela a tendance à réduire notre revenu.

Nous mettons beaucoup d'énergie à créer une situation de monopole pour les produits et services que nous vendons, tout en exigeant une vraie situation de marché pour ce que nous achetons.

On peut appeler cela comportement asymétrique et schizophrène, je détruis mon concurrent, mais j'en appelle à plus de concurrence au supermarché.

Si ça marche bien, je deviens riche.

A observer des marchés fermés sur un bon laps de temps, on remarque que, tôt ou tard, le nombre de concurrents a tendance à baisser, qu'il n'en reste pas beaucoup. On termine souvent avec un leader qui donne le rythme, puis un suiveur-copieur, et un troisième en perpétuelle lutte de survie. (voir ce qui s'est passé aux USA avec GM, Ford et Chrysler avant l'arrivée des Japonais)

Si on laisse le marché livré à lui-même, il va promouvoir l'émergence de grosses parts de marché pour quelques-uns, qui essaieront toujours de dominer le marché et, à la fin, d'éliminer la concurrence.

Si la situation perdure, il n'en reste qu'un et nous avons un vrai monopole: le monopoliste devient riche pour de bon.

Sans l'épée de Damoclès d'une procédure anti-trust au-dessus de sa tête, GM aurait aplati les deux autres pour finalement rester tout seul.

Vu que nous aimons tous la concurrence au supermarché mais voulons simultanément l'éviter au travail, il incombe à l'état, gardien du cadre économique, d'assurer la survie des situations concurrentielles. Plus il tarde à le faire, plus difficile sera la tâche, car ce sont précisément les intérêts à freiner qui deviennent chaque jour plus puissants, en finance et en politique. Vaut mieux ne pas y aller trop tard.

Teddy Roosevelt a réussi à casser les grands monopoles de son temps (la Standard Oil de John D. Rockefeller par exemple) et mérite notre respect pour cette performance.

Conclusion:
L'économie de marché est une très bonne chose, mais il ne faut pas la laisser livrée à elle-même trop longtemps, elle doit être encadrée tout comme que ses acteurs, et ce par le gardien du cadre économique.

14) *L'économie sociale de marché*

A qui devrait revenir quelle partie de la valeur créée par le travail: au client, à la société, aux collaborateurs, au management, aux actionnaires, aux créditeurs, aux "stakeholders" (autres concernés) ?

De nouveau, si on laisse libre cours aux choses, les résultats seront de plus en plus bizarres et excentriques, selon le partenaire qui réussit à se créer une situation de monopole et arrive à l'exploiter.

Il importe d'équilibrer soigneusement les intérêts pour éviter les problèmes. Ce qui est le rôle d'un management responsable et non pas celui des actionnaires.

Si personne ne se soucie du bien-être de la société, les investissements feront défaut, le parc des équipements va vieillir, les produits deviennent obsolètes, et ainsi la société entière.

Si tout va au client, les autres prétendants vont s'enfoncer dans la misère, et ils vont fermer la boîte s'ils peuvent se le permettre.

Si la plus grande partie du gâteau va aux collaborateurs sous forme d'argent ou de meilleures conditions de travail, l'effectif risque de devenir un peu complaisant, et les actionnaires et créditeurs vont pointer le nez, et se plaindre de façon résolue.

Si tout va aux actionnaires, avec le management mis au pas à force de pots-de-vin, le personnel se sentira trompé et bientôt les clients vont se plaindre d'un manque d'innovation, d'une qualité douteuse, d'un service médiocre ainsi que de prix non compétitifs.

En ces temps-ci, ce dernier point peut être observé un peu partout, beaucoup de sociétés achetées à grands coups d'emprunts (private equity leveraged buy-out), mettent l'accent sur la valeur pour l'actionnaire (shareholder value).

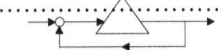

Si les autres parties prenantes (stakeholders), telles que les communautés locales, ne tirent aucun bénéfice de l'activité en question, mais en subissent l'impact sur leur environnement, elles vont être contentes de voir repartir l'usine vers d'autres cieux.

Si l'objectif de notre société est l'emploi et des conditions de vie décentes pour tout le monde, et si on étudie les performances de Ludwig Erhard dans l'Allemagne de l'après-guerre, il devient vite évident qu'une grande partie des fruits du travail et du progrès doivent parvenir

aux clients et aux collaborateurs

qui prennent soin de faire circuler l'argent et de créer ainsi emplois et travail, et

non pas à un nuage où l'argent

> ne fait que se reposer ou tourbillonner,
>> sans générer du travail réel à valeur ajoutée
>> et
> ne fait que manquer à l'économie réelle.

La part qui reste au sein de la société pourra être réinvesti en nouvelles capacités et savoir-faire, la part de l'actionnariat ferait mieux de rester dans des fourchettes raisonnables (0 .. 5 % après inflation) et rester en rapport avec les valeurs réelles et actuelles du capital mis à l'époque.

L'air chaud, comme le "GoodWill" après une reprise (OPA) au prix fort, ne devrait pas peser sur le bilan de l'entreprise, ni du côté gauche des actifs en tant que GoodWill, ni surtout du côté droit des passifs, en tant que dette. Si des emprunts ont été faits pour reprendre l'entreprise, que les dettes pèsent sur l'acheteur et non pas sur l'acheté.

La somme totale de l'épargne doit être surveillée par la Banque Centrale et le Ministre des Finances, vu que cet argent est retiré du circuit, fait défaut à l'activité économique et crée donc du chômage.
Il doit être compensé par de l'argent frais de la Banque Centrale, qui ne doit pas être émis en tant qu'argent-dette, mais en tant qu'argent-sans-dette (MND) pour éviter d'autres problèmes. Au fil du temps, cela va produire une grande quantité d'argent épargné, mais du moins pas les dettes qui vont avec dans le système actuel.

Ce surplomb d'argent est aujourd'hui dix fois supérieur à la quantité qui a le droit de circuler, et en combinaison avec la dette qui y correspond

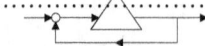

menace comme une épée de Damoclès tous les efforts de créer des systèmes économiques stables ainsi qu'une croissance durable et soutenable.

Ce surplomb est abusé de nos jours, de façon délibérée ou non, pour créer des déséquilibres dans l'économie réelle, qui elle n'est pas en mesure de réagir assez vite pour éviter la misère.
La plupart des régions accueillent avec enthousiasme l'argent qui soudainement leur provient de la part de l'étranger ou de l'épargne, il permet la création d'emplois, des investissements dans l'infrastructure etc.
Si, par contre, l'argent est retiré ou ne veut plus couler comme avant vers cette même région, la crise y est parfaite, la région n'a guère le temps de s'adapter à ce changement trop rapide pour elle.

La crise asiatique, à la fin des années 90', en était un bon exemple. On peut en conclure que les grandes sommes d'argent épargnées sont bien et constituent notre richesse et notre fortune, mais la façon dont elles peuvent être introduites ou retirées d'une économie réelle doit être gérée par les autorités locales. Les investissements doivent être gérés dans la durée, ne pas être trop rapidement réversibles. Le contrôle du flux des capitaux redevient nécessaire.
Oublions la trop libre circulation des capitaux. Beaucoup trop dangereux !

15) *La transformation du secteur financier : propositions II*

Au plus tard vers mi-2012, l'approche des banques, leur "Business Model" réel et existant, a définitivement perdu toute crédibilité; la plupart d'entre elles ont dû se faire sauver une ou deux fois par leurs états ou leur Banque Centrale.

Aujourd'hui,

-   elles sont coincées par les dettes toxiques des débiteurs publics et privés

-   sont priées d'augmenter leur base de capital propre selon Bâle III avec le résultat qu'elles n'ont plus guère envie de prêter quoi que ce soit à l'économie réelle, laquelle ne peut plus s'approvisionner en capitaux pourtant bien nécessaires.

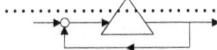

Dans l'effort d'épargner pour augmenter leur capital propre au lieu de transmettre l'argent à l'économie réelle, elles le soutirent à cette dernière et, ce faisant, génèrent encore plus de misère. L'argent pour rétablir les comptes des banques ferait mieux de venir du nuage financier.

Puisque ce n'est pas le cas, on se pose la question suivante:

Qui a besoin d'un ensemble d'institutions de ce genre?

Ma proposition est de créer un lot cohérent d'institutions robustes dont les affaires peuvent être comprises par tout le monde.

Ces institutions seront toutes séparées entre elles pour éviter les conflits d'intérêts.

Proposition:

L'argent que nous épargnons est mis à la **caisse d'épargne postale**, **institut de services financiers (I)**, qui peut à la limite nous donner des intérêts neutralisant l'inflation, mais pas plus.

En revanche, elle est garante des épargnes au nom du pays, dans notre cas au nom de l'Europe. Avec l'argent, elle ne fait rien du tout, ni investissement ni spéculation. Elle ne fait que gérer les flux entre les acteurs. Nous aurons tous deux comptes auprès de cette institution, l'un pour l'épargne, l'autre pour les transactions journalières. Elle représente un système de "Clearing" pour nous tous, elle doit être gérée et contrôlée de façon professionnelle.

Beaucoup de systèmes de banques postales au monde fonctionnent de manière très proche depuis bien longtemps, je peux citer mon compte chèques postaux au Luxembourg qui gère toutes mes transactions de façon claire et efficace, comme il l'a déjà fait pour mon père et mon grand-père.

Si dans le système d'aujourd'hui je veux des intérêts, je place mon argent dans une banque commerciale, qui va m'aider à l'investir à bon escient (?) ou va le prêter à un client.

Ma proposition est de séparer l'investissement et les prêts, le premier va à l'industrie des fonds, le deuxième à la **nouvelle banque, institut de services financiers (II)**

La nouvelle banque est une société privée, ses actionnaires y mettent leur propre argent qui est et reste exposé au risque. Si elle a besoin de plus d'argent, elle en emprunte à la Banque Centrale, au taux d'intérêts du moment. Il faut un rapport sain entre argent emprunté et capital propre. Ma proposition est de tenir le capital propre entre 25 et 33 % des prêts, le capital propre serait figé à la Banque Centrale d'où la banque ne pourra emprunter et donc prêter pas plus que 3 .. 4 fois cette somme, la somme que les actionnaires ont bien voulu mettre eux-mêmes. Ces rapports limites sont définis par la Banque Centrale et ne devraient pas subir de changements trop rapides, afin de ne mettre en danger ni banque ni économie réelle.

La banque ne voit plus l'épargne et ne va plus l'exposer au risque.

La banque ne fait pas de transactions en espèces (cash), mais vire l'argent prêté sur le compte de l'emprunteur auprès de l'institut central des épargnes. La banque ne risquera plus d'être dévalisée, ni d'être prise d'assaut par des dépositaires désespérés.

La banque ne génère pas d'argent-dette elle-même, mais emprunte ce qui lui faut à la Banque Centrale. Celle-ci va connaître à tout moment la situation de la banque. Dans le cadre du rapport prescrit entre capitaux propres et masse de crédits, la banque peut prêter comme elle veut, mais est priée de tenir la Banque Centrale au courant de la tendance générale et celle-ci va émettre des commentaires non contraignants. Cela permettra peut-être d'éviter la surchauffe de l'un ou de l'autre secteur.

Les particuliers privés n'auront plus de comptes dépositaires classiques auprès de la banque, donc il n'y aura plus de dépôts exposés au risque.

Si on veut remettre son argent dans le circuit en l'investissant auprès et avec les banques, on peut se porter volontaire en tant que co-propriétaire, ce qui va renforcer le bilan de la banque. Si les affaires vont bien, il y aura des dividendes, si elles vont mal, il n'y aura rien. Si les choses tournent au vinaigre, le capital est perdu. Point de sauvetage de la part de l'état ou du contribuable.

Les banques ne vont pas grandir au point d'être trop grandes pour faire faillite. Toute entreprise privée trop importante pour qu'on puisse se permettre de la laisser tomber en faillite est simplement trop grande, et doit être démantelée et divisée avant que ça ne crée des problèmes.

Le **secteur des services financiers (III)** servira à organiser et le **commerce des actions et des obligations**. Il ne va pas spéculer pour son propre compte avec ces titres, mais assurer la qualité des informations qui les entourent et faciliter un accès simple et efficace à ce marché pour tout le monde. Un ensemble de taxes à la transaction sera définie par le

Ministre des Finances et le secteur FS-III va les transmettre directement au Trésor Public.

Le **secteur des services financiers (IV)** va **conseiller les investisseurs** grands et petits pour la gestion de leur fortune, contre **rémunération**.

Le **secteur des services financiers (V)** va **émettre et gérer des fonds** ; les gestionnaires de fonds sont indépendants et n'ont pas d'intérêts ou actions auprès des sociétés avec lesquelles ils travaillent.

Les gestionnaires de fonds sont responsables du paiement des impôts sur les plus-values.

Lors de chaque reprise de société (OPA) avec l'aide d'argent, au moins 51 % sont à mettre sur la table, cash, non empruntés auprès d'une banque.

Lors de chaque reprise de société (OPA), il est strictement défendu de mettre les dettes dues à l'achat sur le bilan de la société achetée.

L'acheteur devra vivre avec le dividende maximal que la société peut payer sans se mettre en danger elle-même. Le management est nommé et contrôlé par le conseil d'administration où siégeront aussi des représentants des stakeholders et du personnel.

L'investisseur sait qu'avec ses actions, fonds et obligations il est exposé au risque, et qu'il va récolter le succès ou l'échec. Point de sauvetage par l'état!

L'investisseur vire son argent déposé auprès de l'Epargne Centrale vers l'investissement et paye une taxe de transaction.

Pas d'abattement fiscal pour investisseurs.

Avec un clin d'œil vers la finance islamique, les intérêts sur les obligations ne seront pas fixes mais variables, en fonction du succès commercial de l'entreprise en question. Si le poids des dettes s'avère trop lourd pour la société, elles seront transformées en actions, en partie ou en totalité.

Le **secteur des services financiers (VI)** sera l'industrie des **assurances**, de nouveau sans liens avec les autres services financiers.

Le secteur assurera les risques, mais ne trempera pas dans les assurances-vie ni dans le domaine des retraites et pensions.

Il n'y aura pas d'interférences entre les divers services décrits ; il n'y aura plus de banque universelle qui fait tout et s'expose aux conflits d'intérêts.

Les problèmes ne pourront plus se propager d'un côté vers l'autre, car il n'y aura plus d'autre côté sous le même parapluie.

En bref, voici la **structure proposée de l'industrie financière du futur (FS - Financial Service) :**

FS- I :   **Caisse d'Épargne Postale et Centrale**

(recueille toutes les épargnes, ne paie pas d'intérêts réels, gère les transactions)

FS-II :   **Nouvelle Industrie Bancaire**

(pas de cash, pas de création d'argent-dette virtuel)

FS-III: **Vente et Commerce de Titres de Valeur**

(organiser l'émission d'actions et d'obligations, faciliter leur commerce ensuite)

FS-IV :   **Conseils aux Investisseurs**

(seulement conseils, pas d'affaires en nom propre)

FS-V :   **Émission et Gestion de Fonds**

(gestion de l'argent d'autrui, pas d'affaires en compte propre)

FS-VI :   **Assurances**

(seuls risques matériels, pas de pensions, pas de sécurité sociale)

Et tous strictement séparés les uns des autres!

16)   Le secteur des retraites

La peur des baby-boomers de devoir finir leur vie au sein d'une pyramide des âges inversée, et l'influence de cette peur sur les systèmes de pensions ainsi que sur l'économie réelle a déjà été mise en évidence.

Les pensions vont être payées par des contributions simultanées sortant de l'économie réelle, avec des réserves limitées pour éviter la spéculation et d'autres effets néfastes sur le circuit économique.

Au besoin, les pensions peuvent être augmentées par une taxe supplémentaire sur l'épargne, ou tout simplement par les impôts.

Les droits de pension individuels sont calculés sur la base des paiements individuels durant la période active, du rapport entre le produit national brut passé et actuel et du niveau des paiements d'aujourd'hui.

Lors de notre vieillesse, toute tentative de tirer la couverture encore plus de notre côté va échouer du fait que, de toute façon, il n'y aura pas plus de jeunes qui vont être actifs.

On pourrait investir dans des pays qui ont une population jeune, ces gens-là pourraient alors payer nos pensions, vu qu'ils avaient profité de notre argent quand nous en avions encore. Faudrait voir s'ils le feront vraiment, quelques décennies plus tard...

Il serait alors nécessaire de promouvoir éducation et structures économiques dans ces pays, avec notre argent, bien avant qu'on ne verrait revenir quoi que ce soit.

Nos contributions aux systèmes de pension devraient être proportionnelles à nos revenus, sans limite supérieure, vu qu'elles devraient être proportionnelles au produit national brut.

17) *La sécurité sociale*

La sécurité sociale doit se fonder également sur le principe de la simultanéité pour éviter la spéculation et d'autres impacts négatifs sur l'économie.

Elle va couvrir des risques comme la maladie, l'invalidité et les décès précoces. Et elle va faire de la prévention active, de la recherche dans les domaines de la santé, médecine, sécurité, etc.

Il devrait y avoir un système obligatoire dans chaque région ou dans chaque pays, le but sera alors toujours de le gérer de façon très efficace, facilité par des comparaisons continues (benchmarking) avec de systèmes similaires de par le monde.

Y peuvent coexister des systèmes complémentaires pour gens fortunés qui voudraient bénéficier de traitements nouveaux et encore chers. Mais le système de base doit offrir des services effectifs et efficaces à tous ses affiliés. Ces services de base vont aussi progresser et évoluer avec le temps, au fur et à mesure que les résultats de la recherche se concrétisent, que les nouveaux traitements deviennent plus abordables et plus efficaces.

Là aussi, les contributions vont être proportionnelles aux revenus, sans limite supérieure, pour les maintenir proportionnelles au produit national brut (PNB)

18)   Les dettes publiques et les des dettes privées

De nouveau, si les formules rendent la lecture trop difficile, le lecteur peut se concentrer sur le texte.

Pour une économie **fermée**, il existe une formule bien connue:
(S − I) + (T − G) = 0 ou   PS + GS = 0   PS = - GS

S : épargne privée   **I** : Investissements privés
T : revenus fiscaux   **G** : dépenses publiques

PS: **excédent** privé   PS = (S - I)
GS : surplus public   GS = (T - G)

Chaque excédent public est le déficit du privé, et vice-versa. Si l'état ne fait pas de dette, le secteur privé ne fera pas de surplus, pas de bénéfices!! Dans notre système, le privé ne peut devenir riche que si le public devient pauvre!!
Pour assurer une pérennité à tout cela, il faudrait que les deux comptes soient proches de zéro, ou qu'ils n'oscillent pas trop fort autour de cet équilibre.
Notre société n'a pas intérêt à voir s'accumuler les profits du privé, car ils se reflètent dans le cumul des dettes publiques, les deux évoluant en parallèle.
Les gouvernements ont intérêt à instaurer et à suivre des règles fiscales et budgétaires adaptées, leur permettant de maintenir l'équilibre.

Les choses se compliquent un peu si on considère l'argent provenant de, ou sortant vers l'étranger.

(S − I) + (T − G) = **(X − M)**   ou PS + GS = **DXM**

avec **DXM = (X − M)**   et

X : afflux d'argent = valeur des exports + bénéfices rapatriés de nos sociétés à l'étranger + afflux financiers & transferts par banques

M : flux sortants d'argent = coûts des importations + bénéfices rapatriés de sociétés étrangères domiciliées chez nous + flux financiers ou transferts par banques

DXM: balance des paiements

- en cas d'afflux net de la part de l'étranger, il rentrera dans les caisses du privé, du public ou des deux
- en cas de flux sortant net vers l'étranger, il proviendra des caisses du privé, du public ou des deux

Un système qui se veut durable va balancer ces flux entre privé et public et s'atteler à ce que tout déséquilibre soit petit en taille et court en durée.

- si DXM reste négatif et si les comptes privés ne changent pas, l'état va tôt ou tard tomber en faillite, tandis que certains de ses citoyens seront toujours riches
- si DXM reste négatif pendant un bon bout de temps et, si les déficits sont bien balancés entre privé et public, ils vont vers la faillite tous les deux

Ils ont donc intérêt à travailler ensemble à améliorer les choses.
- si DXM est positif et si le trésor public ne sait pas en profiter, certains de ses citoyens vont devenir très riches. Si les finances publiques se détériorent en même temps, l'état va vers la faillite malgré les bonnes affaires de ses citoyens.

Voilà exactement la situation de l'Allemagne de nos jours où, pendant toutes ces années à gros surplus de la balance commerciale, la dette publique a continuée à croître allègrement. On peut en conclure que, ou bien l'état est assez stupide pour le permettre, ou qu'il a été dominé par des décideurs qui

> - ont intérêt à laisser les choses dériver
> - ont pour but de bien servir leur clientèle électorale

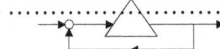

On va maintenant ajouter un peu d'argent-sans-dette de la part de la banque centrale:

$$(S - I) + (T - G) = (X - M) + \textbf{MND}$$

On pourrait penser que toutes les choses que nous avons produites et construites tout au long de l'année passée, tous les services rendus, le produit national brut (PNB) que nous avons fait ou aurions dû faire croître (du moins au sens nominal) devraient se refléter dans une masse monétaire plus grande.

Ou que nous ayons pris la décision politique d'épargner x % de nos revenus, en prévision de temps aux vaches maigres ou pour préparer un achat plus conséquent.

La Banque Centrale pourrait aisément faciliter cela en mettant la même quantité d'argent-sans-dette dans le circuit. Pour ce faire de manière équitable, chaque personne vivant dans le domaine de responsabilité de la Banque Centrale devrait recevoir le même montant, ou du moins un montant pondéré par le PNB local.

Maintenons donc les comptes publics, les balances de paiements et les balances commerciales en équilibre et accumulons notre épargne auprès de la Caisse d'Épargne Centrale et Postale.

Tout le monde ne voudra ou ne pourra pas épargner les mêmes montants, mais du moins cette épargne ne constituera pas une dette pour autrui.

Autre scénario que l'on peut des fois observer:
La Banque Centrale imprime de l'argent et la donne au gouvernement pour pallier aux trous budgétaires.
$$(S - I) + (T + \textbf{MND} - G) = (X - M)$$
Les résultats privés nets seront alors égaux au solde de la balance des paiements.

Ou, si la Banque Centrale exige des intérêts (**II**) pour l'exercice:
$$(S - I) + (T + \textbf{MND} - G - \textbf{II}) = (X - M)$$

Ou: des particuliers ou institutions privées prêtent à l'état les excédents de l'année précédente (PLC: Private Lending Cash) pour boucher les mêmes trous budgétaires, contre intérêts:
$$(S - I) + (T + \textbf{PLC} - G - \textbf{II}) = (X - M)$$

Ou pire: gens et institutions étrangères prêtent à l'état les fonds nécessaires (FLC: Foreign Lending Cash), aussi contre intérêts:

$$(S - I) + (T + \mathbf{FLC} - G - \mathbf{II}) = (X - M)$$

Dans les derniers trois scénarios, le vin tourne au vinaigre au plus tard quand l'argent emprunté suffit tout juste à payer les intérêts des anciens prêts.

A ce moment-là, les dépenses se retrouvent au même niveau que les recettes fiscales, où elles auraient dû rester depuis le début, mais avec la différence intéressante que le pays s'est fortement endetté depuis. Le jour au plus tard où les intérêts vont remonter sera le jour où les dépenses devront être revues à la baisse, au détriment de l'économie.

II > PLC: si les intérêts dépassent le montant de l'argent prêté par les créditeurs internes, le gouvernement pourra peut-être encore s'arranger avec ces créditeurs

II > FLC: si les intérêts dépassent le montant de l'argent prêté par des créditeurs étrangers ne donnant guère dans l'humour, l'état est en faillite

La situation va encore empirer dès que les créditeurs ne veulent plus reconduire les prêts à leur échéance. A ce moment-là, ce ne seront plus seulement les intérêts qui devront être payés, mais aussi le capital qui devra être remboursé.

Cela va enfoncer l'économie réelle pour de bon. Elle perd alors, non seulement l'argent des intérêts, mais aussi le capital en tant qu'argent circulant ; il en reste moins pour faire tourner l'économie.

C'est ce que l'on semble vivre en Europe, ces jours-ci.

Si, du moins, les anciens créditeurs se mettaient à dépenser l'argent qui leur est revenu, cela donnerait un élan au système.

Si du moins on voulait bien dépenser notre argent, au lieu d'épargner 10 .. 15 % de nos revenus.

Si, du moins, on cessait d'accumuler des richesses privées tout en sachant que de cette façon on enfonce d'autres gens dans les dettes et/ou dans le chômage. Mais peut-être on ne s'en rend pas vraiment compte, pas encore.

Pouvons-nous dire aux gens de ne pas faire des économies? Cela ne contredirait-il pas un des instincts fondamentaux de l'humanité ?

Comment satisfaire notre besoin d'épargne et quand même faire quelque chose pour sauvegarder nos emplois ?

Bon, je n'aime pas trop le concept d'enfoncer nos états dans les dettes rien que pour assurer la richesse de certains d'entre nous. La solution ne consistera pas dans les réductions budgétaires, mais dans la stabilité de l'enveloppe budgétaire et dans l'augmentation des impôts à un niveau suffisant pour payer les dépenses courantes. Ces recettes supplémentaires doivent alors provenir du nuage financier, et/ou des sommes qui s'apprêtent à s'y envoler.

Si on ne réussit pas à ce faire durant une période prolongée, je suspecte que des groupes intéressés et puissants empêchent exactement cela à force de lobbying. Ceux-là doivent impérativement être mis et tenus en échec!

L'état doit faire rentrer sous forme de taxes et d'impôts auprès de ses citoyens le même montant qu'il devrait autrement emprunter.

D'un autre côté, l'imposition totale doit quand même rester endéans des limites du raisonnable et la société a intérêt à s'accorder sur un chiffre soutenable (40 % du PIB ?)

Si ce pourcentage est trop élevé, il va étrangler son économie, s'il est trop bas, les différences de niveau de vie seront trop conséquentes.

Mais quelque soit le pourcentage visé, les comptes doivent s'équilibrer.

On ne va pas donner dans l'argument que les épargnants ont besoin des obligations d'état pour investir leur argent sans risque. Qu'ils donnent leur argent à l'institut central d'épargne. S'ils veulent plus de rendement, il faut prendre plus de risques et investir dans de véritables activités économiques, par exemple dans des entreprises. Que l'on ne vienne pas me dire que je doive payer leurs intérêts rien que parce que les taux d'imposition sont trop bas. Cela ne passe pas!

Vers la fin 2012, et de nouveau début 2013, les USA se retrouvaient en face de leur "fiscal cliff", leur falaise fiscale. Les Américains se menacent eux-mêmes d'une augmentation des taxes de 5% et en même temps d'une diminution des dépenses publiques de 5%. Tout cela, parce qu'ils n'arrivent pas à s'entendre sur les finances publiques.

Mon opinion à ce sujet est que l'augmentation des taxes et des impôts va dans le bon sens, pour autant qu'elle touche les capitaux qui autrement ne s'envoleraient que vers le nuage financier, et que l'augmentation ne touche pas l'économie réelle.

La baisse des dépenses n'est pas à conseiller, elle toucherait directement l'économie réelle de ce même montant et causerait une récession encore plus profonde.

L'objectif du moment est de stabiliser l'économie réelle par tous les moyens, conventionnels ou non. Pour lui donner une chance de se remettre sur pieds.

Un rétrécissement de l'économie, par contre, va mener vers une spirale descendante, et causer la misère au sens large.

19) Les richesses et les fortunes

On veut tous être ou devenir riches, être riche signifiant avoir beaucoup plus de propriété et d'argent à dépenser que la plupart des autres.

La plupart d'entre nous ne sont pas très riches, mais on veut s'accrocher à ce que l'on a et certainement s'assurer de la valeur de notre épargne.

On sait tous qu'à la bourse les actions peuvent monter ou baisser, que les dividendes se paient ou non, que les entreprises peuvent prospérer ou s'effondrer.

On a plus de mal à accepter que notre argent soit rogné par l'inflation ou qu'il s'évapore tout court suite à la faillite de notre banque. Aussi ne voulons-nous pas être forcés de dépenser notre argent pour faire tourner l'économie plutôt que de l'épargner.

D'où l'idée de mettre toute notre épargne dans une Institution Centrale de l'Epargne, comme décrite au chapitre de la restructuration du système financier. Cette institution ne va pas prêter l'argent à autrui, mais peut nous payer des intérêts pour couvrir l'inflation. Mais pas plus! Si quelqu'un veut s'enrichir en faisant "travailler" son argent, il devra contacter les autres acteurs du secteur financier et prendre des risques.

Tous ceux qui ne veulent que maintenir la valeur de leur argent, restent avec leur compte d'épargne, garanti par l'état, sans limites quant au montant. L'inflation sera compensée par de l'argent-sans-dette de la part de la Banque Centrale. Sont bienvenus tous les citoyens qui vivent dans l'espace économique couvert par la Banque Centrale, par l'état, par le département des statistiques qui mesure l'inflation.

Cette fortune peut à la limite être taxée lors d'une crise, récession ou dépression, ce qui vaut mieux que de la canaliser vers des obligations.

Si les temps sont durs mais qu'on n'est pas en crise, on peut imaginer aussi un taux d'intérêts en dessous de l'inflation, disons à 50% de l'inflation.

Si la fortune pécuniaire argentière est utilisée pour acheter de l'immobilier, elle n'est du moins pas soutirée au monde économique. Que cette valeur immobilière ou son rendement soit taxé par la suite et comment est plus un sujet de "justice" sociale que de stabilité du système financier, et ne va pas être traité ici.

Aussi avons-nous intérêt à réaliser que notre vraie richesse réside dans nos capacités de générer de la fortune ou de la reconstruire si besoin.

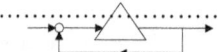

Notre avoir le plus précieux est notre savoir, nos compétences, notre talent d'organisation et de mise en œuvre, et le développement continu de tous ces facteurs.

L'éducation, l'organisation (en politique comme aux affaires), le travail assidu sont et restent des valeurs importantes, que l'on dispose de beaucoup d'argent ou non. Et n'oublions pas la solidarité entre nous, aux antipodes de l'individualisme constructif et destructif.

20)　　Le problème d'aujourd'hui

Au sein de l'EuroZone, les choses se sont détériorées depuis plus de 10 ans, donc dès le début. Des soi-disants investisseurs et autres banquiers ont prêté de l'argent sous les mêmes conditions aux économies performantes comme à celles qui l'étaient beaucoup moins, avec le résultat que ces dernières ont eu beaucoup plus d'argent qu'ils n'auraient normalement dû recevoir, à des taux beaucoup trop bas.

Alors ces économies peu performantes ont dépensé tout cet argent, ils l'ont mal investi ou simplement injecté dans la consommation. Maintenant ils s'écroulent sous les dettes qu'ils n'avaient de toute façon jamais l'intention de rembourser, et en même temps les intérêts qu'ils doivent payer montent.

Le mal est fait, les dommages sont irréversibles. De la façon dont on s'y prend, ces économies ne pourront pas s'en remettre, sans parler de dégager assez d'argent pour payer les intérêts et, encore moins, le capital. Dans ces pays, et des fois aussi dans les autres, les banques ont eu beaucoup d'argent bon marché de la part de leurs banques centrales, elles ne se sont pas retenues de créer elles-mêmes des masses d'argent-dette, et elles les ont prêtées aux secteurs privés et publics. Ainsi, il n'y a pas que les dettes publiques qui sont intenables, mais aussi les dettes privées. Tout cela avec des économies qui n'arrivent plus à redémarrer.

La situation est assez désespérée, les créditeurs ne veulent plus renouveler leurs crédits, des pays réels sont confrontés à une dépression réelle ou à la faillite tout court, de même que leurs citoyens. Cela n'est pas bon présage pour la stabilité politique de notre zone économique.

Des crises de ce genre ont souvent tendance à amener des personnages très bizarres au pouvoir et à sombrer dans la guerre. J'invite à la lecture sur la Grande Dépression des années 30', son influence sur l'Allemagne et la 2' Guerre Mondiale qui s'en est suivie.

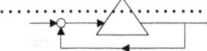

Réflexions et actions alternatives sont à l'ordre du jour.

Il est évident qu'aucun de ces pays ne sera en mesure de ou même voudra rembourser ses dettes. Si on ne fait rien, les premiers d'entre eux vont tomber en faillite, d'autres suivront, le reste ne sera pas loin. Il y aura des troubles qui dépasseront le stade des manifestations pacifiques.

L'argent est parti, certains des débiteurs ont eu une phase de belle croissance, de boom économique, et les banques ont été à la fête. Boom et fête sont en principe derrière nous, avec quelques doutes restants au sujet de la fête des banquiers.

Les créditeurs étaient stupides et naïfs, ils ne méritent pas notre compassion. Ni pour avoir contourné le fisc dans une première étape, ni pour n'avoir pas voulu dépenser leur argent au bénéfice de l'économie, ni pour avoir ensuite prêté leur argent sans discernement.

Ce qui s'est aussi passé depuis l'introduction de l'Euro et ce qui a été prédit par le Professeur Bernd Senf dans les dernières pages de son livre "der Nebel um das Geld" ("le brouillard qui entoure l'argent") déjà en 1996, bien avant l'introduction de l'Euro, c'est que les pays mieux organisés et plus disciplinés allaient gagner des parts de marché significatives au détriment des autres. Sous l'empire d'une même monnaie, ces pays efficaces ne se verraient plus punis de temps à autre par la réévaluation de leur monnaie, car on a tous le même Euro.

Et les pays moins forts ne pourraient plus s'en sortir grâce aux dévaluations, où les coûts au sein du pays restent les mêmes, mais où les coûts réels du pays entier ont le droit de baisser. Il faut alors faire une dévaluation interne, c'est à dire baisser les coûts et prix nominaux, les salaires, les loyers, les emprunts, les dettes etc, et tout cela sans créer une spirale négative. Cela peut à la limite fonctionner dans des pays peu endettés, mais pas là où les dettes publiques et privées sont démesurées. Dans ces pays-là, la situation tourne alors rapidement au vinaigre.

A moins de faire progresser leur force économique et leur productivité vers le niveau correspondant à leur structure de coûts. Ce serait évidemment l'idéal, mais cela exige la volonté politique de mettre en œuvre les réformes de structure nécessaires, afin de rester compétitifs ou de le redevenir.

Rien de tout cela.

Par contre, et sous les yeux vigilants des politiciens locaux et européens, il s'est passé ceci:

Confrontée à 5 millions de chômeurs, avec des déficits budgétaires conséquents et la non-volonté des mieux nantis de ses citoyens de dépenser leur argent, l'Allemagne des années 2000' devait agir.

Elle avait le choix entre

a) convaincre les citoyens bien-portants à payer plus d'impôts, au lieu
       - d'acheter des obligations de leur état, ou
       - de cacher leur argent dans des « paradis fiscaux »

ou
b) baisser les coûts du travail (en les tenant au nominal stable sur une longue durée)
       - afin de rendre son économie plus compétitive par rapport à l'étranger
et observer
       - que ses exportateurs grands et petits continuent d'acheter des obligations allemandes
ou
       - accumulent leur argent dans les "paradis fiscaux"

Les pays étrangers n'ont pas le droit de vote en Allemagne et c'est en principe de leur propre faute s'ils ne sont pas compétitifs.
Le gouvernement Schröder a donc pris la voie (b) en baissant les coûts du travail.
Le chômage a par la suite bien baissé en Allemagne, vers et en-dessous des 3 millions, les exportations ont augmenté, l'économie allemande se mettait à fleurir et, à ce jour, l'énorme excédent de la balance commerciale met en évidence la performance et la compétitivité de la société allemande.
Malheureusement, la dette continuait de fleurir de même; les dépenses dans les infrastructures, les communautés, les écoles stagnèrent.
Avec l'effort de l'agenda 2010, l'Allemagne a figé son niveau de coûts nominaux et est devenue plus compétitive d'année en année. Ses entreprises grandes et petites ont fait du vrai argent, leurs propriétaires ont acheté beaucoup d'obligations, également celles des pays moins

performants, permettant à ceux-ci d'éviter les réformes structurelles nécessaires. Et ce n'étaient pas les seuls à les éviter.

Maintenant les économies de l'Europe du Sud sont dévastées, les structures qui auraient eu besoin de ces changements n'existent plus et ne peuvent guère être ranimées, les dettes pèsent et ne peuvent être servies, pas moyen d'y échapper par une dévaluation, la déflation est à l'ordre du jour, la dépression guette.

On peut émettre des doutes quant au redémarrage de ces économies endéans de délais acceptables, le savoir-faire de ces gens n'a plus la cote quand leurs usines et bureaux n'existent plus.

21) *Le problème (de l')Allemagne*

Sans qu'elle ne l'ait vraiment voulu, ni même sans l'avoir vraiment compris elle-même, l'Allemagne vient de gagner le dernier tour des guerres européennes sur la base de son éthique de travail. C'était une bataille économique, mieux vaut en rester là.

Elle a coûté cher aussi à l'Allemagne.

Que faire après avoir gagné une guerre ? Si on est soi-même hautement endetté !?

Faire travailler les autres pour soi-même ? Se faire payer pensions et rendements par eux ? Après avoir tout simplement détruit leurs bases de travail ?

En Allemagne, on croit toujours (et à tort) que pour tous les succès il faut remercier l'esprit BundesBank (Banque Centrale de l'Allemagne au temps du DM) qui continue de régner sur l'argent. Alors que ce qui est vraiment extraordinaire, c'est la performance des ingénieurs et travailleurs allemands, encadrés par une administration efficace en tout, sauf en choses monétaires.

Après la guerre, l'Allemagne a pu et su redémarrer sans dettes avec la réforme monétaire de Ludwig Erhard (imposée par les Américains), dettes et intérêts n'étaient pas à l'ordre du jour pendant une bonne génération. Maintenant, après la deuxième génération, les dettes sont devenues visibles sur les radars de nous tous, et forment des nuages sombres au-dessus du système monétaire et de la mentalité BundesBank.

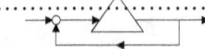

Mais c'est à ce même moment que l'Allemagne voit la chance de prolonger le système, en remettant cela et exportant encore plus, et en mettant tous les autres à plat en cours de route.

Pourquoi tout cela ? Casser les dos du voisin, pour vivre mieux et heureux après? Vengeance pour des guerres perdues ?

Ma recommandation serait de faire avec cette quantité d'argent privé des vrais investissements qui donneraient du travail aux gens, en Allemagne et en Europe. Si on veut profiter d'une guerre gagnée, on a intérêt à du moins donner aux vaincus la possibilité de gagner leur pain, avant d'exiger "tribut" ou "réparations". Si c'est cela que l'on veut.

Faut pas non plus tirer trop sur la corde de Versailles ! Faut pas imiter Clemenceau ! On ne va quand même pas remettre le vieux wagon à Compiègne!

22)   La solution; mesures immédiates : propositions III

La seule voie de sortie qui nous reste c'est que la Banque Centrale achète toutes les obligations des états. Au fur et à mesure qu'elles arrivent à maturité. Et de taxer les créditeurs à ce moment-là, et de bien les taxer ! Oublions tous les efforts de "plaire aux marchés" pour qu'ils veuillent bien acheter de nouvelles obligations. Le prochain objectif est de ne plus faire de dettes, de ne plus émettre d'obligations.

La Banque Centrale Européenne (BCE) n'a pas encore voulu l'admettre, les Allemands, qui y ont une grande influence, non plus.
Mais ce serait encore une offre honnête aux créditeurs, ils reverraient une grande partie de leur argent, même amputé par les taxes et peut-être par l'inflation.
Ce serait aussi une solution équitable pour nous citoyens, en sauvant à la fois les créditeurs et les débiteurs, on va éviter un effondrement total de l'économie.
On n'est pas loin d'un tel crash qui aurait pour conséquence ne noyer entreprises, banques, débiteurs dans une mer de dettes, avec peu d'activité économique restante pour les rembourser et avec les créditeurs qui ne reverraient plus rien.

Les systèmes politiques auraient du mal à survivre à de tels événements, la proposition faite plus haut donne au moins une bonne chance à la majorité de la population de gagner son pain. Et elle évitera aux créditeurs, banquiers, politiciens de toutes couleurs le sort de finir au lampadaire.

Note importante: Le moment où les dettes sont remboursées est aussi le moment de taxer sévèrement les créditeurs. Si on rate ce moment, on ne fait que gonfler le nuage financier.
Malheureusement, c'est exactement ce dernier scénario qui semble être en cours.

Un aspect important de l'introduction réussie de la nouvelle "Deutsche Mark" (DM) par Ludwig Erhard est qu'il éliminait pour de bon la valeur restante de l'ancienne Reichsmark (RM), annihilait les fortunes tenues en RM, et simultanément les dettes exprimées en RM.

Cela a permis à l'Allemagne de redémarrer sur fond de page économique blanche; sans capital et sans rendement, et absolument tout le monde était forcé de se retrousser les manches et de se mettre au vrai travail.

23) *La solution; modifications du système : propositions IV*

Nous serons toujours soucieux d'épargner, pour nous protéger des aléas de la vie, pour préparer des dépenses ultérieures ou pour nous sentir libres. Il ne sert à rien d'aller à l'encontre de ce besoin.
Mettons de côté 10 % de notre salaire. Chaque mois!
Cela retire 10 % de l'argent du circuit monétaire. Chaque mois!
Pour maintenir l'activité économique, il faudrait rajouter autant d'argent-sans-dette. Chaque mois!

Qui devrait recevoir cet argent ?
Les banques ? Les gouvernements ? Le système d'éducation ? Les financiers ? Les actionnaires ? Les créditeurs obligatoires ?
Le système appartient à nous tous, alors chaque citoyen de la zone de solidarité (pays, région, EuroZone) devrait en profiter, à parts égales.

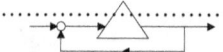

D'où vient l'argent? Evidemment de la Banque Centrale, en ligne directe, sans intermédiaires gloutons.

Peut-être: Chaque accumulation d'épargne au-delà du revenu annuel serait soumise à l'impôt sur la fortune, pour soutenir la circulation monétaire.

Propositions:
- les Banques Centrales appartiennent aux citoyens du pays, dans notre cas de l'EuroZone
- la Banque Centrale doit apprendre à générer de l'argent-sans-dette (MND)
- seule la Banque Centrale a le doit d'émettre de l'argent-sans-dette (MND) et de l'argent-dette (MD)
- les banques commerciales ne prêtent que l'argent qu'elles ont vraiment, et n'en créent pas elles-mêmes
- la Banque Centrale veille à ce qu'il y ait une quantité adéquate d'argent-dette auprès des banques commerciales
- la Banque Centrale veille à ce qu'il y ait une quantité adéquate d'argent-sans-dette dans le système économique

en outre:
- la Banque Centrale génère de l'argent-sans-dette nouveau (MND)
  en virant à chaque citoyen un montant égal de (MND),
  qui dépendra du Produit National Brut (PNB) du pays
  qui reflètera et peut-être encouragera l'activité économique
   et/ou
  qui permet une certaine compensation entre les divers pays.

- le Ministre des Finances veille à ce qu'il reste assez d'argent dans le circuit économique, et

- le Ministre des Finances taxe le nuage financier avec la rigueur requise et le ramène à une taille compatible avec celles du PNB et de M3

- le Ministre des Finances fait en sorte que revenus fiscaux et dépenses s'équilibrent

- pas d'argent prêté entre banques commerciales, pour éviter les fraudes (Libor; Euribor) et les effets Domino

- préempter des mondes parallèles financiers et les bulles de spéculation basées sur le remboursement de titres d'états

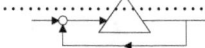

- casser tous les monopoles hautement rentables pour éviter la formation de nouveaux nuages sur base des rentes monopolistiques

La fête a assez duré.

Aussi, suivons le conseil de Ludwig Erhard, le seul économiste qui a généré un vrai miracle économique, et qui a eu le courage d'affronter les intérêts particuliers au profit de l'intérêt d'une société sociale de marché. Ce faisant, il a sorti l'Allemagne de la misère et procuré de l'emploi à tout son peuple.

Les progrès en productivité doivent être partagés avec les clients et les collaborateurs et non pas concentrés sur les profits.

En plus, dans la situation actuelle, un peu de politique industrielle et économique feraient du bien à l'Europe:

- les gens dans les zones plus faibles doivent être remis au travail en exportant des usines vers l'Espagne, le Portugal, la Grèce

au lieu

- d'exporter les usines en Chine
- d'importer les travailleurs de ces pays-là vers l'Europe du Nord et d'agrandir les usines chez nous.

24) *Les dettes et les intérêts*

Les gens qui ont de l'argent vont toujours succomber à la tentation de mettre en quasi-esclavage les gens qui n'en ont pas, et ça avec plaisir. Ils font comme les dealers qui tiennent leurs clients bien accrochés à la drogue, afin de pouvoir leur soutirer tout argent et avoirs.

Dans sa chanson " Sixteen Tons", **Tennessie Ernie Ford** l'a vu de façon suivante :

"Another day older and deeper in debt
> *Un jour de plus et encore plus dans la dette*

Saint Peter don't you call me 'cause I can't go
> *St Pierre ne m'appelle pas, je ne peux pas m'en aller*

I owe my soul to the company store
> *J'ai vendu mon âme au magasin de l'usine »*

Tout cela devient encore plus passionnant quand s'y rajoutent les intérêts, surtout parce que les intérêts non payés ont la tendance mathématique de s'envoler de façon exponentielle.

Sylvio Gesell il y a un siècle et Prof Bernd Senf de nos jours soulignent que les intérêts sont les fossoyeurs de tout système qui les utilise.

L'église catholique avait bien anticipé les problèmes qui en découlent et les avait interdits dans le temps. L'Islam le fait encore aujourd'hui.

L'église catholique a changé d'avis à un certain moment.

L'Islam n'a pas changé d'avis, la finance islamique a des choses à nous apprendre.

Personnellement, je pense que MM Gesell et Senf ont raison, mais je pense aussi que bannir les intérêts n'aura pas plus de chances de réussir que la prohibition des drogues et de l'alcool, l'interdiction de la prostitution ou de la libre parole.

Mon vote ne sera pas pour l'interdiction des intérêts, mais pour le désamorçage continu de ses effets par la création de plus d'argent-sans-dette (MND) et de moins d'argent-dette (MD); par le remplacement d'argent qui s'envole vers le nuage financier à l'aide d'argent-sans-dette frais (MND), par une masse monétaire toujours supérieure à la masse des dettes: $M3 > D3$!!

Les intérêts des obligations privées ne seraient pas fixes, mais dépendraient du succès commercial de l'entreprise et seraient d'office convertibles en actions si les choses vont mal.

Et le revenu basé sur les intérêts doit être taxé de façon appropriée.

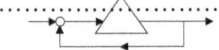

25) *La valeur de l'argent*

L'argent dans notre poche représente du pouvoir d'achat potentiel, qui n'a pas encore été réalisé.

Dès que nous le réalisons, il est parti. Ailleurs. Si nous remboursons des dettes avec ce même argent auprès de notre banque, il est même détruit.

Nous réfléchissons beaucoup et longuement avant de le dépenser, à moins que nous ayons besoin de quelque chose tout se suite et que nous ayons les moyens de le payer sur le champ.

Pour éliminer le mot "potentiel" dans la phrase au-dessus, les gens ont de tous temps insisté pour que l'argent ait une vraie valeur, qu'ils voulaient certifiée et garantie.

Nous nous retrouvons à la fin provisoire d'une longue histoire monétaire, pendant laquelle on avait souvent des standards couplés à l'or et/ou à l'argent (le métal). De nos jours, nous avons de l'argent papier, ou plutôt virtuel, déconnecté de toutes choses concrètes.

Ce qui est plutôt bien, car nous n'apprécions pas vraiment que l'inflation s'accélère pour la seule raison que quelqu'un ait trouvé une nouvelle mine d'or à l'autre bout du monde. Ou qu'il y ait déflation parce qu'une galère espagnole a coulé avec tout son or ou parce que la Banque Centrale Américaine (la Federal Reserve) exige le retour de l'or prêté aux Allemands (comme cela c'est s'est passé en 1929) et propage la dépression pour de bon à travers le monde.

La masse monétaire en circulation doit correspondre à la taille de l'économie qu'elle est censée soutenir. Et non pas à une quantité d'or dans un trésor quelconque.

La valeur de l'argent est exactement la valeur que nous nous lui attribuons, ni plus ni moins.

Aussi longtemps que je peux payer ma bière avec 2,5 Euro, j'ai confiance en l'Euro, et je suis d'accord pour me faire payer mon salaire dans les mêmes Euros.

Dès que le patron du bistrot n'accepte plus mes Euros, je ne peux plus payer ma bière avec et je refuse dès lors de me faire payer en Euros.

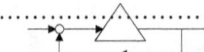

Si le patron du bistrot décide de demander 3 Euro pour sa bière, je vais chercher un autre bistrot. Ou, après quelques mésaventures du même genre, je vais confirmer l'inflation et payer le prix demandé. Mais je vais aussi voir mon chef et demander une augmentation de salaire, car, entre-temps, j'ai perdu 20 % de la confiance que j'avais mise en notre monnaie.

La valeur de l'argent, ou plutôt notre perception de sa valeur, est toujours définie par la quantité que nous en voyons en circulation et les produits et services que nous pouvons acheter avec.
Le retour en arrière vers l'or ou l'argent métallique ne résoudrait pas de problème, mais en rajouterait, et des sérieux.

Vu que la masse monétaire devrait refléter la taille d'une économie, il semble sage d'en augmenter la quantité en circulation chaque année de quelque %, pour ainsi donner à l'économie la possibilité de progresser de ces mêmes %. Si nous y arrivons et que le produit National Brut (PNB) suit cette prémisse, parfait!
Si l'économie n'en fait que x % d'inflation, pas de chance ou mauvais boulot. Le résultat sera le plus souvent entre les deux, ce qui est tout à fait acceptable.
Laissons donc au Ministre des Finances et à la Banque Centrale le soin d'accroître la quantité nominale d'argent qui circule, au rythme désiré de la progression de l'économie et du PNB, et laissons aux acteurs de l'économie le soin d'en faire de leur mieux.
Mais utilisons de l'argent-sans-dette pour y arriver, évitons d'augmenter nos problèmes en nous accablant de dettes nouvelles.

26) *La quantité d'argent et sa circulation*

A tout moment, la quantité d'argent qui circule est ce qu'elle est. Si elle est relativement stable et la vitesse de sa circulation aussi, les gens et les entreprises ont le temps de s'adapter à d'éventuels changements et, d'habitude, ils y arrivent.
Les choses se corsent s'il y a changement notable de la quantité d'argent en circulation, ou de sa vitesse de circulation, ou des deux à la fois.
Le jour où beaucoup d'épargnants décident de dépenser plus de leur argent, cela va reconduire beaucoup d'argent vers le cycle et créer un surplus de demande:

- si cette demande supplémentaire rencontre des ressources et des biens un peu justes, les prix vont augmenter

- si elle rencontre des capacités sous-utilisées, le Produit National Brut réel va augmenter, au bonheur de tout le monde et les prix restent stables

- si elle rencontre des capacités bien occupées, les prix vont augmenter jusqu'au moment où les capacités ont été élargies à grands coups d'investissements et d'embauches, au grand bonheur de tout le monde

- Si la demande change trop vite, par exemple en cas d'afflux ou de reflux considérable de capitaux étrangers, les prix vont changer beaucoup plus vite que les autres facteurs ne peuvent s'y adapter, le processus va causer la pagaille
    - dans l'économie réelle avec inflation ou déflation,
  et/ou
    - sur le marché des devises.

C'est une bonne méthode pour éliminer l'industrie de tout un pays du marché et des affaires, du jour au lendemain. Pour s'en prémunir, il est bon de prévoir des contrôles de capitaux aux frontières de la zone économique ou monétaire, et/ou des interventions fermes sur le marché des devises en cas de besoin.

Les Suisses jouent sur l'accordéon des devises depuis 2011, ils ont à protéger leur industrie exportatrice des méfaits de la fuite de l'Euro et du $ US vers le Franc Suisse.

Pendant la crise asiatique en 1998, la Malaisie a activement protégé son économie en réintroduisant rapidement des contrôles de capitaux, à l'encontre des conseils tous azimuts du Fonds Monétaire International et d'autres « experts ». Dr Mahathir, le Premier Ministre du moment et fondateur de la Malaisie moderne, a vu ses voisins se faire enfoncer dans la crise par les prêteurs étrangers qui, d'un jour à l'autre, ne voulaient plus renouveler leurs prêts. Il a évité les problèmes financiers en fermant les frontières pour les capitaux entrants et sortants, en gardant l'argent à l'intérieur jusqu'à ce que la situation se fût calmée.

Personne n'en est sorti blessé. La Malaisie pouvait continuer à se développer. Les créditeurs, à la fin, avaient peu de raisons de se plaindre.

Si de tels événements se passent au sein de la même zone économique, même des contrôles de capitaux internes peuvent s'avérer nécessaires afin de stabiliser l'économie locale.

Personne n'a le droit de secouer le bateau pour le faire chavirer et couler. Toute force assez grande pour ce faire doit être reconnue, nommée, responsabilisée, retenue, neutralisée et peut-être même brisée. Cet énoncé vaut surtout pour les acteurs du nuage financier global, nuage dont la taille prime facilement tout argent qui veut bien circuler dans l'économie réelle. Raison de plus pour discipliner le nuage et ses acteurs et ainsi leur enlever les moyens de créer d'autres désastres.

Le jour où, soudainement, les gens et les entreprises se décident de dépenser moins de leur argent, la demande réduite va causer les effets suivants:

- là où cela touche des ressources rares,
> les prix vont baisser (ce qui **a** aussi du bon)

- là où cela touche des capacités bien occupées,
> cela mène aux capacités sous-occupées, ensuite aux premiers licenciements, à moins de revenus pour entreprise et collaborateurs, aux dangers côté obligations privées, à moins de revenus fiscaux et, finalement, aux dangers côté budget de l'état et côté obligations d'état

- là où cela touche des capacités en phase d'élargissement:
> investissements freinés, licenciements dans l'industrie équipementière avec les dommages qui s'ensuivent pareils à ceux mentionnés quelques lignes plus haut

Ne s'en remettant qu'aux principes mathématiques appliqués à l'économie, on peut se dire que face à une telle situation, tous les prix et les salaires devraient baisser rapidement pour contrer la demande réduite par la liquidité réduite.

La demande ainsi relancée reviendrait à son niveau normal et l'envergure de l'activité serait tout aussi vite rétablie, à un niveau de prix plus bas.

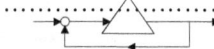

Un tel processus n'a jamais pu être observé ; la plupart des prix et des salaires ont du mal à baisser de façon nominale.

Voici quelques éléments qui ont du mal à diminuer :
- salaires et traitements nominaux (et réels)
- hypothèques immobilières, loyers
- intérêts sur dettes privées
- intérêts sur obligations anciennes

s'y rajoutent:

- particuliers et entreprises vont essayer de rembourser leurs dettes et donc soutirer encore plus d'argent du circuit

- les banques ont peur, ne prêtent plus rien à personne et ne remettent donc pas d'argent à la place des sommes remboursées

Irving Fisher avait constaté qu'avec de plus en plus d'argent faisant défaut au circuit, chaque dollar restant prend de plus en plus de valeur. Sa valeur monte d'autant plus vite que les dettes sont remboursées rapidement. La valeur réelle et le poids du reste des dettes augmentent, les honorer devient encore plus difficile. Une dérive insoutenable qui se termine en désastre pour tout le monde.

Des situations de ce genre ont facilement tendance à devenir incontrôlables, Mr Fisher l'a comparée à un bateau en difficultés, qui ne sait plus se redresser et finit par va chavirer.

Ces situations ne sont pas nécessairement incontrôlables, le système financier (Banque Centrale, Ministre des Finances) a le devoir moral d'éviter des problèmes sérieux de ce genre, de redresser le navire, de maintenir en vie le circuit monétaire et de le remettre dans un état stable, en douce croissance.

Comment peuvent-ils y arriver ?

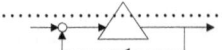

27)   *Maîtriser les crises futures*

D'abord et avant tout, il importe d'éviter des actions pro-cycliques, comme par exemple au beau milieu d'une crise de ce genre:

- réduire les dépenses publiques
- augmenter les intérêts
- exiger des taux de réserve plus élevés auprès des banques commerciales
- augmenter les taxes sur la consommation ou les salaires

John Maynard Keynes était en faveur de dépenses publiques plus élevées financées par des déficits publics.

Cela a l'avantage de soutenir le cycle monétaire, l'inconvénient d'augmenter les dettes publiques qui, en ces temps-ci, sont déjà assez élevées où que l'on regarde.

Que le gouvernement soit en mesure ou non de dépenser avec une certaine sagesse cet argent supplémentaire n'est pas le sujet de ce chapitre, mais en est un pour la discussion politique et l'efficacité administrative.

Ensuite, je propose

- de garder les dépenses publiques au même niveau
         (ne pas les augmenter, sauf pour les allocations de chômage)

- de baisser les intérêts, mais non pas à taux zéro

- de garder stables les exigences vis-à-vis des réserves et du capital propre (des banques)

- de garder stables les taxes sur la consommation et les salaires

- d'augmenter les impôts sur les nuages financiers: fortunes, épargne, transactions financières, dividendes, obligations et autres rendements

- que la Banque Centrale émette de l'argent-sans-dette frais (MND) et le verse aux citoyens

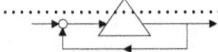

afin de stabiliser la demande sans augmenter la dette publique et sans réalimenter directement le nuage financier

et:

- d'équilibrer la balance des paiements
pour s'assurer que l'argent créé chez soi
se rende utile en circulant chez soi

Ce dernier point est peut-être difficile à traiter ; il se met en opposition aux thèses et dogmes de l'Union Européenne et de la Globalisation, il mérite une plus ample discussion.

C'est plus facile si on a encore une monnaie à soi qui a le droit de varier et d'effacer les différences.

28) *La politique*

Le but principal de la politique et de l'économie devrait être de nous permettre de vivre décemment et librement.
Que nous atteignions tous ce degré de qualité de vie est une autre question, mais le système dans lequel nous vivons ne devrait pas le rendre délibérément impossible, ou nous mettre des bâtons dans les roues.

Il est intéressant de voir comme nous aimons bien bénéficier des avantages de la libéralisation et de l'activité économique, mais ne voulons pas en accepter les côtés féroces, quand il s'agit de l'exploitation des travailleurs ou de l'environnement, du chômage, de la misère pour la plupart couplé à la richesse de quelques-uns, etc.
Marx & Engels, les syndicats , le socialisme, le communisme, la démocratie sociale ont tous essayé de maîtriser les effets bizarres du libéralisme et ce faisant ont souvent créé des situations encore plus désastreuses. Même le National Socialisme en Allemagne (le Nazisme) n'a pu vraiment se développer que sur la base des résultats sociaux de la Grande Dépression et la méthode "libérale" choisie pour la combattre.

Les victoires sur ces problèmes secondaires lors des guerres chaudes et froides n'ont pu vaincre que ceux-là, mais non pas le problème initial qu'ils voulaient ou du moins prétendaient vouloir résoudre.

Le problème perdure, maintenant c'est à nous de le résoudre ou, du moins, de le gérer de façon décente tant qu'on en est responsables.

Si le but est d'offrir une vie décente à tous, une vie meilleure pour ceux qui réussissent et une vie luxueuse pour les quelques "Supermen" de l'économie, l'ingénieur propose quelques indicateurs qui serviraient à mesurer l'efficacité du système:
Observons le succès du secteur du luxe local et comptons en même temps le nombre de mendiants dans la rue.
Si le luxe et mendiants sont en hausse parallèle, il est temps de faire quelque chose au niveau
- des cartels trop profitables, des monopoles, des taxes
d'un côté, et
- de la valeur ajoutée locale, du niveau des salaires, de l'éducation
- de la distribution d'argent-sans-dette

de l'autre côté.

A s'y mettre, on pourrait facilement trouver d'autres indicateurs pour en arriver aux mêmes conclusions.

Si par contre le but est d'assurer une belle vie à ceux qui ont déjà une belle vie et/ou des bonnes relations, alors les principes libéraux sont très bons et l'argent va, à terme, se concentrer dans quelques poches, la misère et la dette vont s'étendre un peu partout.

Après cela, passons en revue ce que la dernière génération a fait et réfléchissons à ce que nous voulons faire dans les années à venir.

29)   Les partis politiques

Au fil du temps, l'auteur est arrivé à la conclusion que, parmi les partis politiques qui ont dépassé le concept de "l'homme fort" et proposent des idées rationnelles, il y a quatre types:

Une des idées est celle d'assurer que les gens qui vont bien aujourd'hui aillent aussi bien demain, ce sont les partis conservateurs, de droite.

Ce serait tout à fait respectable si tout le monde allait plutôt bien, ce qui est rarement le cas.

Comme exemples, on peut citer le Parti Conservateur en Grande-Bretagne (les Tories), les Républicains aux USA, la Forza Italia de Berlusconi et les Partis Gaullistes qui se succèdent en France.

D'autres partis ont pour objectif que les gens qui travaillent bien se portent bien, un sujet qui fait appel à des partis libéraux comme la FDP en Allemagne, le Parti Démocratique au Luxembourg, les Lib-Dem's au Royaume-Uni. Ces partis sont rarement très forts, car même ceux qui gagnent bien leur vie se rendent compte de ce que les choses peuvent changer, et qu'à ce moment-là ils auraient eux aussi besoin de l'aide d'autrui.

Le troisième type de parti voudrait bien que tout le monde se porte assez bien ou, du moins, ait une chance équitable d'y accéder. Ce sont évidemment tous les partis socialistes et social-démocratiques de l'Europe ainsi que les Démocrates aux USA.

Le quatrième type de parti veut préserver notre environnement, comme en témoignent tous les partis verts en Europe.

En s'efforçant de récolter plus de votes, les partis vont souvent dépasser leur terrain privilégié et piquer les idées des autres, avec le résultat que des fois il semble difficile de les distinguer.

Beaucoup de partis sont attachés à une religion, en Europe ce sont surtout les Démocrates Chrétiens. Partant du postulat des conservateurs de laisser les choses telles quelles et de les maintenir sous contrôle, ils s'organisent et créent des œuvres caritatives pour pallier aux misères les plus flagrantes.

Je désapprouve certainement les organisations qui ont comme but le bien-être pour les bien-portants, tout en assurant la misère pour les autres.

30)   Les religions

Les religions (relient et) unissent des gens et des institutions, ils offrent un système commun de valeurs, de choses à faire et à laisser, de devoirs et des fois aussi de droits.

Des aspects importants sont leur tolérance vis-à-vis d'autres religions et vis-à-vis de ceux qui veulent quitter la communauté religieuse. En ces temps-ci, l'Islam par exemple ne fait pas bonne figure par rapport à ces critères-là.

Un autre point important est leur application du principe d'égalité, ou va-t-on y trouver que les uns sont plus égaux que les autres, comme dans le livre "Animal Farm" de George Orwell. Avec leur système de castes, les Hindous n'a pas la cote vis-à-vis de ce critère.

Est-ce que la religion encourage allègrement la violence, avec peut-être la promesse d'une bien meilleure vie dans l'au-delà pour les martyrs ? De nouveau, l'Islam nous promet encore pas mal de troubles.

La déclaration universelle des droits de l'homme a défini un excellent standard pour nos droits individuels, mais elle n'a pas été complétée par un lot de devoirs. Elle ne peut donc pas remplacer les religions, mais leur laisse un vaste champ d'action.

La vie après la mort ne sera pas discutée ici, mais il est toujours intéressant de voir quels sont les comportements qui découlent d'une religion ou d'une autre et quelles conséquences économiques s'ensuivent. Prier Dieu est une bonne chose, peut amadouer nos âmes et permet de se concentrer sur un sujet. S'il s'agit d'influencer (à notre avantage) ce qui se passe autour de nous, il vaut mieux ne pas se fier aux dieux et aux saints, mais plutôt à soi-même…

De tous les dieux que nous avons vénéré au fil de l'histoire, le soleil me semble le plus fiable, il vient nous voir tous les jours, nous réchauffe, nous donne de l'énergie. C'est lui qui fait la différence.

De tous les saints de l'église catholique que nous prions, St Nicolas me semble le plus utile et digne de confiance, il vient une fois par an et se montre vraiment bon envers nous. Cela veut dire que, enfants, nous pouvions compter sur nos parents, comme nos enfants peuvent compter sur nous comme parents. De nouveau, ne nous fions pas aux dieux et aux saints pour atteindre nos objectifs, cela reste de notre propre ressort.

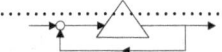

L'auteur voit la main de Dieu dans tout ce que nous faisons de bien et Dieu comme la somme de tout ce qui est bon. A opposé, le diable représente tout ce qui est mal dans ce que nous faisons.

L'éthique de travail des protestants a fait une grande différence dans le monde, elle a rétabli et honoré la valeur du dur travail, et respecte ses résultats.

Ce qui fait contraste avec le standing du travail dans la Grèce antique, de la méditation dans le Bouddhisme, de la violence dans une partie de l'Islam, des castes hindoues, des hiérarchies laïques et ecclésiastiques chez les catholiques, des seniors chez Confucius.

Les religions qui ne défient pas les pouvoirs qui les entourent peuvent tenir des fois longtemps et faire bon complément aux régimes du moment quand il s'agit de maintenir la population sous contrôle. L'histoire montre qu'en général les régimes ont eu des vrais problèmes quand ils ont pourchassé les prêtres et nettement moins quand ils ont poursuivi leurs peuples.

La plupart des religions offrent des systèmes de valeurs sensées, souvent basées sur des livres anciens. Mais ils procurent en même temps beaucoup de pouvoir à leurs prêtres en leur réservant le monopole de l'interprétation des écritures saintes.

Ce pouvoir est abusé de façon régulière et ce depuis des millénaires.

Martin Luther a traduit la Bible en allemand, pour que le peuple puisse la lire lui-même. Ce faisant, il a cassé le monopole d'interprétation de l'église catholique.

L'auteur apprécie les Livres Saints (jusqu'à un certain point), mais reste vigilant vis-à-vis de gens qui se promènent avec le Livre sous le bras et nous disent que eux seuls seraient en mesure d'interpréter correctement le Livre et qu'ils seraient habilités à nous dicter notre conduite.

Vu qu'ils se basent sur des textes anciens qui devraient nous guider à travers tous les temps, ils ont tendance à saboter tout ce qui est nouveau et ce qui ne rentre pas dans la structure de leur pouvoir.

Dans ces circonstances, il n'est pas étonnant que la terre reste assez plate dans maintes régions.

31)　Les pays du sud européen: un défi pour managers

Quoiqu'ils aient échoué lamentablement sur le tableau monétaire et financier, quand il s'agit de discipline administrative, les pays du Nord de l'Europe s'en sortent nettement mieux que les pays et les régions du Sud, où la qualité de la gouvernance est des fois un tantinet plus douteuse.

Trop souvent, l'administration y cède à la pression d'individus qui veulent être avantagés sans se soucier du bien commun.
Trop souvent, les politiciens y servent de pourvoyeurs d'emplois, de parrains de crédits ou de créateurs d'emplois douteux bien rémunérés mais pas forcément utiles à la communauté.
De cela, une économie n'en supportera qu'autant avant de s'écrouler; c'est donc un petit jeu qui doit être stoppé.

Mais on a tous les politiciens que l'on mérite, leur mentalité ne fait que refléter celle de nous citoyens et n'est donc guère meilleure ni pire. Il est clair que les mentalités de tout le monde doivent encore pas mal changer, et que ça va prendre un bon bout de temps.
Voilà un défi pour meneurs d'hommes, qui exige de la compréhension, de l'empathie, une main ferme mais bienveillante, de l'endurance et de la persévérance ainsi que probablement de l'argent.
On parle beaucoup de non-ingérence et de non-intervention dans des pays étrangers, mais dans n'importe quelle entreprise de taille moyenne et au-delà le chef incompétent d'un département serait remplacé par une personne avec de l'expérience mais extérieure au département en question.
L'importation de techniciens compétents peut être un bon concept pour le futur politique de certains pays en manque de progrès. L'histoire nous donne des bons exemples, ainsi le meilleur Premier Ministre de Louis XIV, Mazarin, venait d'Italie.
A la fin, rester non compétitif n'est pas une option pour qui que ce soit, nous devons tous trouver et tenir notre place dans une économie mondiale et ouverte.
Là où des dévaluations ont "sauvé" tant de pays dans le passé, la Banque Centrale pourrait le faire une fois, mais elle n'en fera pas une habitude.
Nous devons tous progresser et (réapprendre à) nous assumer.

Et surtout, nos gouvernements à tous les niveaux ne doivent pas dépenser plus d'argent qu'ils n'en ont. Si on doit construire un pont, payons le au fur et à mesure de sa construction.

32) *Les marges bénéficiaires des entreprises*

Hommes d'affaires passionnés que nous sommes, nous voulons et devons nous efforcer de rendre nos produits meilleurs, plus attractifs, plus innovants, et bien sûr d'augmenter nos marges.

Si l'un de nous réussit, surtout par rapport au dernier critère mentionné, il devient riche et peut se réjouir d'un compte en banque bien rempli. Il va peut-être gagner plus d'argent qu'il ne peut ou ne veut dépenser. N'est-ce pas cela notre but à nous tous?

Examinons le revers de la médaille: quel effet cela fait sur l'économie en général, si je deviens vraiment riche grâce à mon nouveau super-produit ou super-service, que je peux vendre à un super-prix (pour moi). Il n'y a guère de concurrence, ou alors son produit est nettement moins "sexy".

Disons que l'année passée, j'ai fait un bénéfice de 1,1 million d'Euro (ME) de cette façon, au lieu des 0,1 ME usuels.

Etant donné que je ne sais pas trop quoi faire de tout cet argent, j'en mets 1 ME à la banque, qui ne le sait pas non plus. L'argent se met à y dormir. Si le salaire moyen est de 50 000 E/an, j'ai retiré 1 000 000 / 50 000 = 20 emplois de l'économie. Presque deux par mois.

Pas de chance pour les autres, je tiens mon million, il y en aura d'autres dans les années à venir.

L'effet est encore assez limité avec un million, mais quid d'un milliard (1BE) ? Alors ce sont 20 000 personnes qui perdent leur emploi!

Disons qu'aux USA le salaire moyen soit de 50 000 $.

On lit qu'en 2012 Apple, la société la plus admirée de notre temps, était assise sur un trésor de 100 milliards $ (100 B$), avec tendance vers le haut.

Aussi longtemps que la société ne fait rien d'intelligent avec cette fortune, Apple tout seul a déjà envoyé $100 \times 10^9 / 50 \times 10^3 = 2 \times 10^6 = 2$ millions de gens au chômage.

Et ça continue à chaque fois qu'un de ses produits est vendu avec la belle marge que nous, hommes d'affaires, ne pouvons qu'admirer et envier. Le prix ne se reflète pas dans une grande quantité de travail correctement rémunérée, mais dans le bénéfice.

Ce tour du cycle monétaire ne profite donc pas au marché de l'emploi.

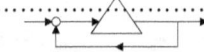

Aussi longtemps que Apple reste assise sur son trésor et ne remet pas l'argent dans le circuit, le prochain tour n'aura pas lieu ou peut-être que dans quelques années. Ou l'argent fait son ascension vers le nuage financier et contribue à la prochaine bulle spéculative.

Ce n'est donc pas un hasard que, de nos jours, les grandes sociétés américaines accumulent l'argent de leurs bénéfices dans une proportion jamais vue auparavant et qu'en même temps le marché de l'emploi reste paralysé.

Les analystes surveillent diligemment chaque jour, chaque semaine, chaque mois le marché du travail ainsi que les bourses, et souvent les bourses baissent quand le chômage monte. Pourtant la causalité est plutôt que le chômage monte parce que les profits montent.

Ou y aurait-il quelques analystes très malins qui réaliseraient qu'au fur et à mesure que les gens s'appauvrissent les bénéfices vont disparaître en même temps que les clients potentiels ?

Ne font-ils que confirmer que, dans le système de régulation à boucle fermée que représente notre économie, l'appauvrissement des clients va tuer les affaires. La boucle est à feedback positif, procyclique, elle ne peut pas se stabiliser d'elle-même et peut générer des spirales ascendantes et descendantes. Dans le cas où les affaires ralentissent et on les laisse livrées à elles-mêmes, elles iront de mal en pis. Si elles vont mieux, avec plus de gens au travail et rémunérés de façon décente, les courbes vont monter rapidement.

Une réduction des marges bénéficiaires va donc augmenter la vitesse de circulation de l'argent et son efficacité dans la création d'emplois.

Chaque fois que les marges sont à la hausse, le chômage augmente.

Si la concurrence est plus vive, les marges baissent, et le marché du travail va mieux.

Si le but consiste en des emplois et des salaires décents, prenons soin d'avoir assez de concurrence sur tous les marchés, et ainsi de limiter les marges, les bénéfices, les pertes d'emploi par manque de circulation d'argent. Bienvenue aux casseurs de monopoles ("trustbusters"), aux gardiens et "enforceurs" de la concurrence.

Si, par contre, le but est de garder ma marge pour laquelle j'ai dû batailler dur, de gagner mes millions et mes milliards aussi longtemps que le marché le permet, au nom de la liberté, alors laissez-moi aussi la liberté de détruire le marché du travail. En même temps, je vais me prévaloir du nombre de mes collaborateurs et expliquer que leurs emplois sont en péril dès que ma société tombe sur un concurrent ou est démantelée par les gardiens de la concurrence.

Ne pas remettre mon argent dans le circuit, réduire de cette manière le travail disponible et mettre des inconnus au chômage n'est d'ailleurs pas mon problème.

Personne ne connaît ces gens là, ils sont anonymes, ils remplissent les bureaux de chômage de par le monde, mais n'ont pas de lobby.

Mais moi je peux me payer un lobby efficace, alors moi, j'en ai un !

Conclusion: Les gardiens de la concurrence et les casseurs de monopoles doivent représenter les intérêts de la communauté, ils doivent être forts pour lutter contre les intérêts économiques établis.

Beaucoup soutiennent que les marges doivent être relevées pour qu'il reste assez d'argent pour investir. Malheureusement, une entreprise prend nettement plus de temps pour décider d'un investissement et encore plus pour le mettre en œuvre, qu'un consommateur qui tout simplement sort pour dépenser l'argent. La vitesse de circulation de l'argent est donc freinée dans la boucle d'investissement. Et, en temps de chômage élevé, il semble peu attractif d'investir.

De toute façon, la réalité de nos jours est que la plupart des revenus supplémentaires des entreprises va de nouveau se perdre dans le nuage financier et que seulement une petite partie est investie dans des nouveaux produits & services, dans des capacités et usines nouvelles, ou encore dans la qualité.

Une partie est investie dans la productivité pour favoriser des marges supérieures avec une masse salariale moindre, du moins jusqu'à ce que les prix soient descendus sous la pression de la concurrence.

33)   La productivité

Même si, à première vue, cela ne saute pas aux yeux, la qualité de notre travail, notre savoir-faire, nos méthodes de travail s'améliorent au fil du temps, ce qui fait progresser qualité et productivité.

Au sein d'une entreprise, la productivité qui s'améliore signifie

a) beaucoup plus de revenus avec plus de dépenses, si les affaires vont vraiment bien,   ou

b) plus de revenus avec les mêmes dépenses, si les affaires vont bien
                    ou

c) les mêmes revenus avec moins de dépenses, quand les affaires sont stables,   ou

d) moins de revenus avec encore moins de dépenses, si les affaires vont mal

Des fois, les dépenses sont des coûts machines, mais ce sont le plus souvent les coûts de la main-d'œuvre.

(a) et (b) décrivent les situations prospères où les affaires vont bien et nos bénéfices encore mieux, où nous sommes contents de garder notre équipe au travail ou même de l'agrandir, où nous la payons bien, où notre marge augmente, parce le poids du coût du travail par rapport à notre prix de vente diminue.

La situation (c) est tout à fait différente ; pour bénéficier des fruits du progrès, nous devons déjà licencier une partie de nos effectifs, les affaires progressent moins bien que notre productivité.

(d) est encore pire ; on est en pleine récession et nous réduisons notre effectif encore plus vite que nos revenus baissent.

(c) & (d) se ressemblent beaucoup, nous aurons des marges plus élevées car nous mettons nos gens au chômage plus vite que notre revenu baisse, et notre prix de vente sera couvert par moins de travail qu'auparavant même si le travail est disponible en abondance.

Si la concurrence est forte, nous devons réduire nos marges et notre prix de vente sera plus bas.

On ne va pas réembaucher nos travailleurs, mais du moins on a libéré de l'argent avec lequel notre client pourra acheter un produit en plus, et ainsi soutenir la demande et sa transformation en travail.

Si la concurrence ne représente pas un gros problème, on va garder notre marge au niveau élevé, au bénéfice de l'entreprise.
 A moins de dépenser cet argent supplémentaire assez vite pour des biens de consommation, pour de l'investissement ou des augmentations salariales, nous aurons ralenti la demande et détruit en même temps du travail et des emplois, ce mois-ci.
En conséquence, nous avons augmenté la file d'attente devant l'office de l'emploi.
Si par contre, il y avait le plein emploi, nous aurions, grâce aux progrès de notre productivité, libéré des travailleurs qui seraient maintenant mieux utilisés ailleurs, et ils trouveraient rapidement cet autre emploi.
D'après moi, cela ne fait pas de sens macro-économique de miser sur la productivité et de mettre les gens à la porte, tant que nous ne bénéficions pas du plein emploi.
Occupons-nous d'abord du plein emploi, et de la productivité ensuite

34)   *Croissance et environnement*

On a déjà écrit beaucoup sur le limites de la croissance, à commencer par le "Club of Rome" en 1972. Si plus d'activité économique signifie automatiquement plus de consommation de ressources naturelles, plus de pollution, plus de risques nucléaires etc, la croissance ne pourra continuer éternellement.
Mais rien ne dit que tel sera le cas dans le futur.
La croissance peut être définie comme la croissance en % du Produit National Brut (PNB), donc de la somme de nos salaires.
La croissance représente donc l'augmentation du total des salaires sur une période déterminée et n'a donc pas de lien direct avec les ressources naturelles.
La seule ressource dont une meilleure utilisation sera faite est celle de notre temps à nous tous, de notre savoir-faire et de nos efforts, qu'ils soient manuels ou intellectuels.
La société des services et du savoir vers laquelle nous sommes en train d'évoluer ne devrait pas peser si lourd sur l'environnement, même si toute la population mondiale un jour aurait un travail rémunéré.

Le revers de cette médaille d'espoir est que les activités qui ont un rapport direct avec les ressources naturelles seront à surveiller étroitement, il faudra protéger ces ressources par des taxes adéquates ou par d'autres contraintes.

35)   Les syndicats

Même si la plupart des entreprises ne le voient pas du même œil, je dirais qu'il est bon pour chaque management d'avoir un interlocuteur valable pour tout ce qui a trait au travail, son organisation, sa qualité et ses conditions. La délégation du personnel doit être élue lors d'élections libres et secrètes, au sein de l'entreprise ou de l'usine.

Il vaut mieux veiller à ce que le syndicat ne soit pas tout-puissant, au point de faire chanter l'entreprise et de tirer la couverture trop vers soi. Les syndicats ont intérêt à être des partenaires dans la gestion, pas des monopolistes. Aux USA, on a déjà vu des syndicats ou comités ouvriers se faire casser au nom de la concurrence, et pas seulement dans des grandes sociétés.

La langue française offre un terme qui décrit bien une partie du problème, c'est le "droit acquis". Il suggère que tout droit social qui a été gagné un jour, des fois de haute lutte, est garanti et ne peut plus jamais être remis en cause.

Malheureusement, tout acquis social est toujours un acquis économique, et un acquis économique, ça n'existe pas. Dont acte.
Le succès économique d'aujourd'hui n'est pas garanti pour demain, loin de là. Des contrats de travail ou autres signés sur de telles bases ne peuvent de facto être garantis.

On va conseiller à ceux qui tiennent à leurs droits acquis de soutenir le développement de l'entreprise ou du tissu économique dont elle fait parti, pour que le travail porte des fruits que l'on pourra partager par la suite. Ce qui signifie des fois devoir renoncer à l'un ou l'autre avantage et se ranger du côté de l'entreprise plutôt que de la combattre.

L'entreprise aura intérêt à apprécier ce soutien à sa juste valeur.

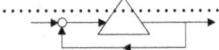

L'indexation des salaires est un sujet très populaire. Dans une économie de plein emploi et en croissance, elle génère rapidement l'inflation, les salaires réévalués seront de suite transposés dans des prix plus élevés. Voilà pourquoi après l'expérience des années 70', la, plupart des pays européens ont abandonné le concept. Si la concurrence est forte et les clients pointilleux, les prix pourront à la limite rester stables, au détriment des marges. On se rappelle la discussion sur les marges et le fait que les marges qui baissent de cette façon créent de l'emploi dès que les travailleurs et clients dépensent leur argent supplémentaire.

Si l'entreprise ne peut pas absorber cette réduction de marge, faute de progrès en productivité avant ou après, elle aura un problème de trésorerie tôt ou tard.

Je suis persuadé qu'il vaut mieux négocier les salaires au niveau de l'entreprise, l'index de la consommation est à ce moment une information importante parmi d'autres. La situation financière de la société ainsi que ses perspectives sont tout aussi importantes, mais il faut les discuter à livres ouverts avec la délégation.

Cependant, le facteur honnêteté dans ce contexte mériterait de progresser encore un peu partout.

D'après Ludwig Erhard, les augmentations de salaires devraient s'orienter fortement aux progrès en productivité, en valeur nominale qui inclut l'inflation. Si l'entreprise ne peut pas se permettre d'augmenter les salaires cette année, on peut imputer cela à un coup de malchance, ou on peut travailler plus et mieux afin de générer plus de bénéfices avec l'entreprise pour l'année qui vient, ou changer d'employeur.

En cas d'honnêteté du management défaillante vis-à-vis du conseil d'entreprise, il faudra monter la discussion aux étages supérieures (si elles existent), rendre public l'état des choses et, si nécessaire, chasser le management de ses bureaux par la grève.

Si on considère que le management est mauvais et que l'entreprise entière en souffre, on peut de nouveau monter aux étages supérieures, ou changer d'employeur, ou, en tant que syndicat, acheter assez d'actions pour se faire voter au conseil d'administration. Alors on peut soi-même mettre la main à la pâte et améliorer les choses. Par contre, à ce stade, rien ne dit qu'on ne sera pas soi-même le prochain mauvais manager...

36)   Les impôts

Nous aimons tous ce que l'état fait pour nous, et nous plaignons tout ce qu'il fait mal ou pas du tout.

En même temps, notre pensée schizophrène et asymétrique nous permet de vouloir payer le moins d'impôts possibles.

Pour la plupart d'entre nous, les impôts sont notre seule contribution au fonctionnement de l'état. Si nous laissons aux autres le soin de les payer, ce sera un jeu à sommes négatives et l'état finira plutôt à en faire moins que plus. Même pour nous. Alors conduisons-nous en citoyens responsables, adultes, et aidons-nous les uns les autres afin d'y arriver.

Le principe que chacun paie selon ses moyens n'est pas mal, si je gagne plus ou si je peux me réjouir d'une fortune plus conséquente, je paie plus. Personne ne devrait payer rien du tout.

Je suis pour des règles simples avec très peu d'exceptions, la loi des impositions devrait avoir 2 ou 3 pages, pas plus. En supprimant la plupart des déductions, surtout celles qui concernent les intérêts des dettes.

Sa mise en œuvre devrait être simple et ne pas nécessiter des armées de comptables ou de juristes.

Le gouvernement, le parlement, la société en général devraient s'accorder sur un taux de x % pour (les impôts + la sécurité sociale), et ainsi définir la taille de l'état par rapport aux autres acteurs.

En même temps, ils devraient définir le rôle de l'état, c'est à dire ce qu'il devrait faire et ne pas faire avec cet argent.

Si à ce sujet, on change d'avis tous les deux ans, cela ne va pas aider. Les pays qui ont su trouver un compromis solide et raisonnable et qui s'y tiennent pendant, disons, une génération, iront mieux à la fin que ceux qui perdent toute efficacité en remettant en cause les objectifs après chaque élection.

De nos jours, les USA montrent le mauvais exemple: au lieu de s'entendre et de bâtir un futur raisonnable, les forces sont gaspillées par des combats politiques internes sans fin.

Mettons que l'on tombe d'accord sur un taux de 40% pour l'état par rapport au Produit National Brut (PNB), alors le plus simple serait de taxer tout et tous de la même façon, des mêmes pourcentages.

Si on trouve que cela n'est pas en accord avec les impératifs de la justice sociale, on peut facilement inventer une courbe où le taux d'imposition monte avec le revenu. Mais que la courbe soit lisse et continue, sans marches ou sauts vers le haut ou vers le bas.

37) *Capitalisme, créditisme, dettisme*

Comme on l'a vu auparavant, notre système nous fournit plus de dettes que d'argent, tous ensemble on n'a pas de fortune nette mais une dette nette.

En même temps, nous croyons tous (encore) vivre dans un système capitaliste et la plupart d'entre nous n'y voient point d'inconvénient.

Bonnes ou mauvaises, les choses se sont développées de telle sorte que ce n'est pas le capital existant qui fait bouger l'économie, mais le crédit de la banque.

Pour ne citer qu'un exemple, Mr Lakshmi Mittal n'a certainement pas acheté le grand sidérurgiste Arcelor avec l'argent qu'il aurait épargné auparavant, mais avec les crédits des banques qui l'ont aidé (ou poussé ?) à le faire. Et à ces banques de créer tout cet argent en grande partie elles-mêmes, sur la base de régulations de réserves légères et bienveillantes de leurs banques centrales. Difficile de se défendre sur base d'argent réel, quand l'adversaire sait en générer la version virtuelle ex nihilo et en grande quantité, et que ça compte quand même comme moyen de paiement.

C'est donc ce crédit bon marché, virtuel, que l'on prend comme argent comptant qui fait tourner le monde, il prête son aide à toutes fins, aux entreprises, aux affaires, à la politique, à la chasse aux votes des électeurs, à la société en général ou au crime.

Mais l'histoire ne s'arrête pas là, car les crédits engendrent aussi des dettes. Tout le monde court après l'argent qui finit souvent dans les mains des plus malins et les moins scrupuleux, mais la dette est refilée de l'un à l'autre jusqu'à ce quelle termine son chemin (provisoire ?) chez ceux qui ne peuvent ou ne veulent s'en défendre.

La question est alors, qui hérite du poisson pourri ?

Dans le cas de Arcelor-Mittal, c'était la société elle-même qui a bientôt vu apparaître les dettes dans ses comptes, les collaborateurs depuis s'éreintent à les servir en même temps que leurs clients et le patrimoine de la société...

Dans le cas de la société où j'ai travaillé pendant un bon bout de temps, la dette est aussi apparue sur le bilan, six mois après le rachat. On avait soutiré de l'argent à la société bien avant que nous ayons eu le temps de le gagner, cet argent. Ce qui faisait de nous une proie facile pour la crise qui n'a pas tardé à flamber.

Nous vivons dans le dettisme, les dettes se maintiennent, perdurent et nous causent des problèmes sans fin.

Il faut nous sortir de ce piège !

38) *Liberté*

La plupart d'entre nous est plutôt libre, la question est:
nous sommes libres de quoi, pour faire quoi ?

Alors,

- je suis libre, quand je peux dépenser mon argent comme je veux, passer mon temps comme je veux et avec qui et où je veux

- je suis libre, quand je peux faire ce que je veux dans le cadre raisonnable qui est pour l'essentiel donné par les autres, mais que je sais accepter et respecter

- je suis libre, quand je peux choisir moi-même mon éducation (avec un peu d'aide de la part de mes parents), mon occupation, mon travail et quand je peux changer de travail si cela me chante

- je suis libre, quand je peux voter pour les candidats que je préfère ou me porter candidat moi-même si je pense pouvoir et vouloir mieux faire qu'eux

- je suis libre, quand je me sens en sécurité, quand personne ne vient m'embêter, me menacer, me dévaliser, me tabasser, me blesser ou même me tuer

- je suis libre, quand je peux aspirer vers des succès (sans nécessairement les atteindre) et si aucune loi ou tradition ne me coupe le chemin d'y arriver

- je suis libre, quand je peux choisir moi-même mon partenaire, ou je peux opter pour me laisser un peu plus de temps à le faire, ou y renoncer tout court

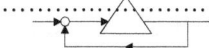

- je suis libre, quand je peux signer les contrats que je veux, même s'ils peuvent limiter mes libertés un peu par la suite

- je suis libre, quand je ne suis pas discriminé et quand mes soucis sont d'ordre personnel, ce qui a tendance a largement suffire ...

- je suis libre, quand je peux choisir moi-même ma religion, mais aussi la quitter si je veux (ce dernier point semble assez difficile auprès de l'Islam …)

- je suis libre, quand je n'ai pas plus de dettes à honorer que je ne sais supporter

ma liberté est limitée par :

- mes obligations vis-à-vis de ma famille, de mes amis

- mon appartenance à une religion et ses prescriptions

- mon respect pour d'autres religions (jusqu'à un certain point …)

- mon propre système de valeurs

- mon respect pour l'environnement

- mon respect pour les générations futures

- mes devoirs à l'encontre de mon employeur ou de mes clients

- mes devoirs vis-à-vis de mon entourage local
                                  (voisins, commune, impôts locaux)

- mes devoirs vis-à-vis de mon entourage au sens large
                  (pays, région, continent, monde, imposition nationale)

- mes devoirs à l'encontre de mes partenaires contractuels (banques …)

et

- par le manque de ressources financières
                        pour payer tout ce que j'ai envie de faire ….

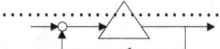

La plupart de ces libertés sont heureusement garanties par la Déclaration Universelle des Droits de l'Homme, même si des organisations comme

- unités économiques basées sur la violence (Mafia …)
- sectes pseudo-religieuses (Scientology, et autres)

feront certainement de leur mieux pour nous en priver, si nous avons la malchance de nous retrouver sur leur chemin.

En pratique, il y a deux points difficiles à gérer, de tous temps:
- **a**) choisir et trouver un emploi pour gagner sa vie
- **b**) éviter le piège de la dette

a) pour la plupart de ma génération, ce n'était déjà pas simple de trouver un emploi décent, changer de travail quand le dernier ne plaisait plus l'était encore moins, étant donné qu'à aucun moment il y avait (assez) de choix

Après avoir embauché des centaines de personnes au fil de ma carrière industrielle, je ne peux que constater que c'était toujours un marché fait pour employeurs, et non pour employés. Et ça n'a pas changé depuis.

Cet aspect a pas mal limité ma liberté d'action et je ne suis pas le seul. A aucun moment il n'y avait assez de travail dans notre économie. Le lecteur attentif n'y verra pas l'œuvre du hasard.

b) ma maison a été construite à l'aide d'une hypothèque et j'étais endetté pendant quelques vingt ans. La mensualité n'est pas un gros problème, tant que travail et santé sont bons.

Si l'un ou l'autre de ces derniers points change, les choses ont tendance à se détériorer rapidement:
- au malaise au boulot, ou à la perte de l'emploi s'ajoute prestement la pression des dettes
- avec un peu de malchance, s'y rajoutent des problèmes de santé, et je suis cuit
- j'avais peut-être acheté ma voiture, et/ou quelques appareils ménagers aussi à crédit

Point de liberté dans une situation pareille !   Que faire ?

a) à tout moment, il doit y avoir une bonne sélection d'opportunités d'emploi: il doit y avoir assez d'argent qui circule pour soutenir la demande et couvrir les dettes

et,

b) vu que les dettes forment l'opposé de la liberté, les dettes de ménage doivent être limitées au plus strict nécessaire, les intérêts aussi

=> pas de crédits prédateurs

=> pas d'exigence de garanties supplémentaires
> (éviter les saisies et expulsions)

=> une carte de crédit et une seule à tous
> avec des limites qui correspondent à la situation financière et des limites pour les intérêts

=> large diffusion de cartes de débit pour paiements de toutes sortes

=> les situations de surendettement sont à gérer par
> des personnes de confiance, les intérêts des créanciers sont à balancer contre ceux des débiteurs

Ces changements, et peut-être quelques autres en plus mentionnés dans ce livre, nous rapprocheraient du pays de la liberté, avec la liberté pour tous et pas seulement pour quelques-uns.

Après tout, on peut de nouveau noter avec **Woody Guthrie**:

" This land is your land, this land is my land "
> *« Ce pays est à toi, ce pays est à moi »*

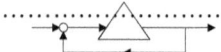